Cabin Attendant Service

항공 객실서비스 실무

조희수 저

백산출판사

머리말

과학기술의 총아라고 할 수 있는 항공산업의 발달은 현대인들이 질적으로 향상된 생활을 영위할 수 있게 되었다.

항공사가 고객에게 제공하는 서비스의 대부분은 항공사 종사원의 역할이 크게 차지하고 있으며, 특히 항공운송서비스의 생산과 배달을 객실승무원이 직집적인 역할을 하고 있어서 항공사의 이미지를 결정하는 중요한 요소가 되고 있다.

최근 항공산업의 진보적인 발전과 변화로 항공사 승무원의 수요와 인력은 꾸준히 증가하고 있으며, 대형항공사를 비롯하여 국내 저가항공사들의 활약 또한 기대해볼 만하다.

치열한 항공사들의 경쟁 속에 국내·외 항공사들은 고객감동을 실현하며 서비스 품질 개선과 인적서비스의 강조에 더욱 심혈을 기울이고 있다.

이 책은 항공사 객실 실무의 포괄적이고 방대한 내용을 저자의 비행 경험과 강의 자료로 사용했던 내용을 바탕으로 보다 이해하기 쉽도록 재구성하였다. 또한 항공사 객실서비스의 기본적이고 전반적인 이해를 바탕으로 승무원의 업무를 파악할 수 있도록 하는 데 중점을 두었다.

이 책의 구성에서 1장은 객실승무원의 개념과 역할을 이해하고, 2장은 객실승무원이 갖춰야 할 기본 매너로 구성되었다. 3장은 항공기의 특성과 구조, 4장은 항공 기내서비스의 개념과 특징을 알아보고 기내서비스의 유형에 대해서 다루었다. 5장은 항공 운임의 기초와 항공 운송업무에 관한 내용이며, 6장에서는 음료의 이해, 7장은 술의 이해와 분류 등을 숙지하는 과정이다. 8장은 와인의 특성 및 종류에 대해 알아보고, 9장은 서양식의 특성과 구성, 테이블 매너, 10장은 식기의 정의와 역사, 11장은 기내식의 개요와 종류에 대해 수록하였다. 국내·외 항공사 코드와 도시 코드, 항공 용어 및 기내 방송문은 부록으로 참고하도록 수록하였다.

미비하고 부족한 부분이 많을 것으로 사료되지만 추후 후속 연구를 통해 점차 보완할 것이다.

본 책이 완성되기까지 감사해야 할 많은 분들이 계신다. 먼저 학문의 길로 이끌어주신 이재섭 은사님을 비롯하여 동료 교수님들께 머리 숙여 감사드린다. 이 책을 발간하는 데 자료 도움을 준 항공사 동료, 선배, 후배들께 감사드리며 책의 출간을 기꺼이 받아주시고 관광학문 발전에 많은 기여를 하시는 진욱상 사장님과 원고 편집에 노고가 많으셨던 직원 여러분께 깊은 사의를 표한다. 마지막으로 항상 넘치는 사랑을 주시는 사랑하는 부모님과 큰 의지가 되는 언니와 형부 그리고 조카들에게 새로운 기쁨이 되었으면 좋겠다.

저 자

차 례

제1장 객실승무원 ··· 9

- 제1절 객실승무원의 역사 및 정의 ··· 10
- 제2절 객실승무원의 자격 요건과 훈련 ··· 12
- 제3절 객실승무원의 직급체계 및 책임 ··· 17
- 제4절 객실승무원의 근무규정 ··· 19

제2장 객실승무원의 기본매너 ··· 23

- 제1절 객실승무원의 용모 ··· 24
- 제2절 승객 응대법 ··· 30
- 제3절 국가별 승객 응대법 ··· 33
- 제4절 상황별 기내 응대법 ··· 39

제3장 항공기 특성 및 구조 ··· 47

- 제1절 항공기 특성 ··· 48
- 제2절 항공기 객실 구조 ··· 51
- 제3절 항공 객실서비스 등급 ··· 55
- 제4절 항공기 구성 ··· 57

제4장 항공 기내서비스 ··· 73

- 제1절 항공 기내서비스의 개념과 특징 ··· 74
- 제2절 기내서비스의 유형 ··· 79
- 제3절 기내 안전 및 보안서비스 ··· 88
- 제4절 기내서비스의 업무 절차 ··· 100

제5장 항공운임 기초 및 항공운송업무 ······ 121

제1절 항공운임의 기초 ······ 122
제2절 항공운송업무 ······ 128
제3절 항공서비스 상품 ······ 129

제6장 음 료 ······ 135

제1절 음료의 이해 ······ 136
제2절 음료의 분류 ······ 138

제7장 술 ······ 145

제1절 술의 이해 ······ 146
제2절 술의 분류 ······ 148

제8장 와인의 이해 ······ 177

제1절 와인의 특성 및 종류 ······ 178
제2절 와인의 분류 ······ 180
제3절 와인의 도수 및 숙성기간 ······ 185
제4절 세계의 와인 ······ 187
제5절 와인의 지식 ······ 191

제9장 서양식 ······ 195

제1절 서양식의 이해 ······ 196
제2절 서양식의 구성 ······ 198
제3절 서양식 테이블 매너 ······ 222

제10장 식 기 ······ 233

제1절 식기의 정의 및 역사 ······ 234
제2절 식기의 종류 ······ 236

제11장 기내식의 이해 ······ 243

제1절 기내식 개요 및 변경 ······ 244
제2절 기내식 종류 및 구성 ······ 245

■ 부 록 ---- 255
■ 참고문헌 ---- 297

제1장

객실승무원

제1절 객실승무원의 역사 및 정의

제2절 객실승무원의 자격 요건과 훈련

제3절 객실승무원의 직급체계 및 책임

제4질 객실승무원의 근무규성

제1절 객실승무원의 역사 및 정의

1. 객실승무원의 역사

1928년 독일 루프트한자 항공사에서 베를린과 파리 구간까지 최초의 남승무원이 탑승하였다. 그 후 1930년 미국 보잉항공수송회사에서 '엘렌처치'를 객실승무원으로 채용하여 비행기에 탑승하였다. 항공사상 스튜어디스 1호가 된 이 여성은 미국 아이오와주 출신의 젊은 간호사 앨런 처치였다. 그녀는 당초 보잉사에 조종사로 취업하길 희망했지만 제안이 거절당하자 끈질긴 요구 끝에 타협안으로 객실에 탑승하게 되었다.

상냥하고 친절한 앨런의 서비스는 승객들로부터 큰 호평을 얻게 되자 보잉사는 이 제도를 본격적으로 도입하게 된다. 그리고 불과 2년이 채 지나지 않아 당시 미국 내의 20여 개 항공사가 모두 경쟁적으로 여성 객실승무원 제도를 채택하였다.

유럽 에어프랑스 전신인 파아망 항공사에서 국제선 스튜어디스를 탑승시켰고, 1934년 스위스 항공과 이듬해 1935년에는 Klm Royal Dutch Airline(KL)가 1938년 루프트한자에서 객실 여승무원 제도를 운용하면서 유럽 전역 여승무원들의 활약이 시작되었다.

앨런 처치가 활약하던 그 당시, 여승무원들은 지금처럼 '스튜어디스'라는 호칭대신 '에어호스테스(Air Hostess)' 또는 '에어 걸(Air Girl)'이라고 불렸다.

당시에는 지금과 달리 스튜어디스들이 탑승수속 업무까지 담당하는 것이 대부분이었다. 승객이 수하물을 가지고 비행기까지 오거나 간단한 탑승시설에 오면 스튜어디스가 탑승자 명부를 일일이 대조해가며 몸무게와 수하물의 무게를 측량하고 탑승시켰다. 당시 객실승무원들의 복장은 간호사와 유사하게 흰색 가운에 흰색 모자를 쓰는 것이 보편적이었다. 그러다가 1, 2차 세계대전을 거치면서 군복을 변형해 여성 특유의 맵시를 살린 제복을 입는 것이

한동안 유행하기도 했다.

우리나라에는 1948년 North West Airline(NW)가 국내 취항을 하며 한국인 여승무원을 현지 승무원으로 채용하면서 '승무원'으로 근무하였다.

[최초 8명의 여승무원]

2. 객실승무원 정의

비행기에서 승객 관리에 관한 일을 맡아보는 사람으로 여자는 스튜어디스, 남자는 스튜어드라고 일컫는다. 각항공사를 대표하는 최고의 전문 서비스인으로 세련된 국제매너, 직업에 대한 프로의식을 기본으로 갖추고 민간 외교관의 역할을 하는 서비스 산업의 대표자들이다.

영어로는 Stewardess, Airline Stewardess, Flight Attendant, Cabin Crew, Cabin Attendant라고 불린다.

3. 객실승무원의 어원

'스튜어드(Steward)'나 '스튜어디스(Stewardess)'의 어원은 비행기와는 전혀 상관이 없다. 고대의 영어에서는 'stig'는 '돼지우리', 'weard'는 '망보는 사람'을 의미하고, 'ess'는 여성을 나타내는 접속어였다.

당시로서는 소중한 재산의 가축을 관리한다는 것으로, 매우 중요한 역할로서 인지되어 왔다. 소중한 가축의 관리를 하는 일이 세간의 의미로 전환되어서 객선이나 비행기 가운데 승객의 일들을 돕는 사람을 '스튜어드', '스튜어디스'라고 부르게 되었다.

제2절 객실승무원의 자격 요건과 훈련

1. 객실승무원의 자격

① 객실승무원은 근무 중 비상상황 시 필요 조치를 취할 수 있는 지식과 능력을 갖추어야 하며 이를 습득, 유지하기 위하여 교육 훈련을 이수하고 심사에 합격한 사람이어야 한다.

② 객실승무원은 신입 안전 훈련을 이수한 후 직급에 따라 소정의 교육과정을 이수해야 한다.

③ 객실승무원 항공기 탑승 근무에 적합한 신체조건을 유지해야 하며 그 조건이 미비되거나 미달할 경우에는 객실승무원 자격을 일시정지 또는 상실한다.

2. 객실승무원의 자격 요건

객실승무원은 항공기 탑승근무에 적합한 신체조건을 유지해야 한다.

타인에게 혐오감을 주는 외적 손상이나 신장을 기준으로 하여 과소체중이나 초과체중은 비행을 하기에 적합한 체중이 아니므로 비행정지 판정을 받을 수 있다. 따라서 과소, 초과 체중에 해당되는 승무원은 회사에서 직접 관리하여 적정한 체중이 되었을 때 비행에 복귀하게 된다.

국내항공사와 외항사의 신장과 체중은 조금씩 상이하며 국내항공사를 비롯하여 외국 항공사의 적정 체중의 판단 기준은 다음과 같다.

1) 외국 항공사

〈표 1-1〉 베트남항공의 여승무원 신장대비 몸무게 기준표

베트남 항공의 여승무원		
신 장	최소 체중	최대 체중
160cm	44kg	52kg
161cm	45kg	53kg
162cm	46kg	54kg
163cm	47kg	55kg
164cm	48kg	56kg
165cm	49kg	57kg
166cm	50kg	58kg
167cm	51kg	59kg
168cm	52kg	60kg
169cm	53kg	61kg
170cm	54kg	62kg
171cm	55kg	63kg
172cm	56kg	64kg
173cm	57kg	65kg
174cm	58kg	66kg
175cm	59kg	67kg

〈표 1-2〉 케세이퍼시픽 항공의 여승무원 신장 대비 몸무게 기준표

홍콩 케세이퍼시픽 항공 여승무원	
신　장	적정 체중
160.0cm	50kg
160.5cm	52kg
165.0cm	53kg
167.5cm	55kg
170.0cm	57kg
172.5cm	59kg
175.0cm	61kg
177.5cm	62kg

2) 국내항공사

국내항공사의 여승무원		
신　장	적정 체중	초과 체중
162cm	52kg	57kg
163cm	52.5kg	57.5kg
164cm	53kg	57.5kg
165cm	53.5kg	58kg
166cm	54kg	58.5kg
167cm	54.5kg	59kg
168cm	55kg	59.5kg
169cm	55.5kg	59.5kg
170cm	56kg	60.5kg
171cm	56.5kg	61kg
172cm	57kg	61.5kg
173cm	57.5kg	62kg
174cm	58kg	62.56kg
175cm	58.5kg	63kg

3. 객실승무원의 훈련

1) 신입전문훈련

항공사 객실승무원의 자격을 취득하기 위한 최초 훈련과정을 이수해야 한다. 국내항공사의 교육기간은 10~12주이며, 교육내용은 인사법, 영어회화, 일어 회화, 기내방송문, 안전교육, 식음료서비스, 인공호흡, 응급처치법, 비상탈출, 면세품 판매 및 재고관리 등이다. 모든 교육이 끝난 후에는 모든 교육이 영어, 일어, 항공 종합상식 시험을 본다.

2) OJT 비행

신입 승무원 전문 훈련과정 이수 후에는 2주일간의 비행 실습(OJT : On the Job Training)이 있다. 실제 기내서비스 경험을 쌓는 동안 점차 업무에 세련미를 더하고 항공기 내부 구조나 장비에 익숙해지게 된다. 비행 실습 후에는 수습 비행 평가를 받고 평가 항목에 모두 통과되면 정식 승무원이 된다.

전문 훈련을 마치고 6개월이 원칙이나 보통 1~3개월 정도 국내선 전담 비행 근무를 하게 된다. 그러나 국내 항공사의 경우 인원이 부족하기 때문에 보통 3개월 정도 국내선에서 근무한 후 국제선에 투입된다. 국내선 비행을 마치면, 팀에 배속되어 본격적인 국제선 비행 근무를 시작한다.

3) 국제선 전환 훈련

약 1~3개월(특별히 정해져 있지 않음) 이상의 국내선 근무를 마친 후에는 국제선 전환 교육 훈련을 다시 5주 동안 받게 된다. 국제선 교육은 출입국 절차(일반 승객의 해외여행 시 준비서류, 승무원의 준비물 등), 세관 통과 절차, 기내 식음료서비스, 고객 Complain 처리방법 등 대인관계(personal touch), 기내 방송, OAG(Official Airline Guide : 세계 전 항공사의 항공편 스케줄과 항공 여행 관련 각종 정보를 수록한 책자) 사용법 등을 배운다.

4) 클래스별 훈련

항공사에 따라 퍼스트 클래스, 비즈니스 클래스의 상위 클래스 담당 승무원과 선임 승무원의 승격훈련 등 각 항공사 매뉴얼에 의해 교육을 받는다. 세심한 주의와 함께 전문 지식이 요구되는 일등석 근무는 약 10일간의 일등석 서비스 교육을 이수한 후 가능하다. 이후 승진이나 직무 전환에 따라 일등석 서비스 Leader교육, 객실 관리자 교육 등 다양한 교육을 받게 된다. 또한, 통상 신입사원은 이코노미 클래스를 담당하고, 순차적으로 상급 클래스 담당을 하게 된다(아시아 계통의 일부 항공 회사에서는, 입사 때의 모든 클래스의 훈련을 받고, 신입사원 때부터 이코노미 클래스, 비즈니스 클래스에 관계없이 탑승, 근무하는 회사도 있다).

5) 정기안전훈련

신입안전훈련을 이수한 후 승무자격을 유지하기 위하여 필요한 교육으로 12개월 기준으로 훈련 적격 기간 내에 이수해야 한다. 이는 항공기에 비상사태가 발생 될 경우 객실승무원은 즉각적으로 대응하고 조치를 취할 수 있는 능력을 갖추어야 하기 때문이다.

훈련내용은 비상 탈출 시 행동절차, 비상 장비 사용법, 응급처치법 등으로 구성되며 모든 교육 후에 실기와 필기시험이 통과되어야만 안전훈련 이수증을 받게 된다. 만약 시험에 불합격 되었을 시에는 시일 내에 재시험을 봐야하며 이는 안전훈련 이수증 없이는 비행 근무를 할 수 없기 때문이다.

6) 재임용안전훈련

유효기간 내에 '정기안전훈련'을 이수하지 않은 객실승무원을 대상으로 승무자격을 복원하기 위한 훈련이다.

제3절 객실승무원의 직급체계 및 책임

1. 객실승무원의 직급체계 별 임무

1) 직급에 따른 담당 업무

가) 객실승무원

- 비행 중에는 할당된 업무를 수행하며 해당 언어권 승객의 의사소통을 담당한다.
- 비행 중 실시되는 안내방송을 자국어로 실시한다.

• 비행 중 Irregular 상황 발생 시 사무장에게 보고해야 한다.

나) 객실 부사무장

• 사무장 업무를 보좌한다.
• 객실 사무장의 임무 수행이 불가능한 경우 그 업무를 대행한다.
• 일반석 서비스 진행과 총괄 관리를 한다.
• 비행안전 업무를 관리한다.
• 서비스용품 탑재 확인
• 수습 승무원의 훈련지도와 평가를 한다.
• 일반 승무원의 업무를 겸한다.

다) 객실사무장

• 객실 브리핑 주관과 승무원 업무를 할당(Duty Assignment)한다.
• 비행 전 기내 설비 및 장비의 기능을 점검하고 확인한다.
• 기내서비스 진행을 관리 및 감독한다.
• 항공기 출입항 서류 및 Ship Pouch 관리한다.
• 기내방송을 실시한다.
• VIP, CIP 및 Special PAX 등에 대한 Handling을 한다.
• 비행안전을 위한 제반 조치를 감독한다.
• 비행 중 발생하는 비상사태를 해결한다.
• 해외체재 시 승무원 관리 및 해외 지점과의 업무연계 체제 유지한다.
• 해당편 서비스 Duty를 수행한다.

2. 객실승무원의 책임

① 객실승무원은 비행근무 전 개인메일함에 수신된 메일 내용을 확인해야

하며 최근 업무지시 내용을 항상 숙지해야 한다.

② 객실승무원은 비행근무 시 항공기 운항에 대한 최종적인 권한이 기장에게 있으므로 객실승무원 업무교범을 적용함에 있어 항공기 운항과 관련하여 중대한 사항(지연, 탑승거절, 기내 난동 승객, 긴급 환자 처리, 항공기 보안 / 장비 / 비상상황의 발생 등)이라고 판단되는 경우에는 기장과 협의하여야 하고 필요시 그 지시에 따라야 한다.

③ 객실승무원 항공기의 안전 운항을 위해 기장과 협조하여 운항 중에 승객 안전과 비상탈출에 관한 임무를 수행함과 동시에 승객의 요구를 만족시킬 수 있도록 행동해야 할 책임이 있다. 또한 객실승무원은 안전하고 쾌적한 비행 환경을 조성, 유지하는데 책임을 진다.

④ 객실승무원은 객실 내의 어떠한 불안전한 상태에 대하여 기장에게 즉시 통보해야 할 책임이 있다. 따라서 객실승무원은 비행단계에 관계없이 어떠한 비정상적인 상황에 대하여 기장에게 보고할 수 있어야 한다.

제4절 객실승무원의 근무규정

1. 객실승무원의 근무

1) 근 무

객실승무원이 비행기에 탑승하여 회사 업무에 종사하는 것을 말하며, 브리핑, 승무, 편승, 지상근무, 공항대기, 교육훈련 등을 포함한다.

2) 승 무

항공기가 비행을 목적으로 항공기에 탑승하여 자력으로 움직이기 시작한 순간부터 비행기가 완전히 정지할 때까지의 시간을 말한다.

3) 편 승

승무를 위해 승무를 마치고 할당된 업무 없이 공항과 공항 간을 자사 또는 타사 항공편으로 이동하는 것을 말한다. Off-Duty Flight라고 하며 Ferry Flight도 포함된다.

4) 대기(Stand-By)

모든 정기, 부정기편에서 결원이 발생할 시 부족한 충원을 채우기 위해 지정된 장소(Airport / Home)에서 준비하여 기다리는 근무 형태로 공항대기근무와 자택대기근무가 있다. 공항대기근무(Airport Stand-By)는 공항의 근무지에서 유니폼으로 비행 준비를 모두 마친 상태에서 근무하는 것을 말하고, 자택대기근무(Home Stand-By)는 자택에서 근무하는 것을 말하며, 일반적으로 전날 저녁까지 스케줄을 받게 되므로 선약을 하는 것을 피하는 것이 좋다.

5) LAY OVER(해외체류휴식근무)

해외체류 시의 휴식을 말하는 것으로 다음 근무 비행을 위해 개인의 휴식과 쇼핑, 여행 등의 시간을 보낼 수 있다. 이 기간 동안 개인의 기호에 따라서 자신의 시간을 보낼 수 있다.

6) 휴 식

모기지 및 국내외 Station에서 근무를 마친 후 다음 근무가 있기 전까지 쉬는 시간을 말한다.

2. 객실승무원의 일상 안전업무

객실승무원의 "일상 안전업무"란 "비행 중 승객과 승무원의 안전을 위해 평상시에 수행해야 하는 객실 내 일반적인 안전업무"를 말한다. 이 같은 일상 안전 업무는 비상 착륙, 감압 또는 기내 화재 등 객실 내 비상사태 발생 시 객실승무원이 취해야 할 조치업무인 "비상 안전 업무"와 대비되기도 한다.

현대사회로 들어서면서 항공수요의 급격한 증가 및 노약자 및 여성승객의 증가 등은 객실승무원의 비상안전업무 못지않게 일상 안전업무를 중시하게 되는 요인이 되고 있다.

① 일상 안전업무의 종류는 사고 예방 활동 업무와 사고 대비 활동 업무로 구분할 수 있다.

② 사고 예방 활동 업무란 비행 중 발생할 수 있는 사고를 미연에 방지하기 위해 객실승무원이 취해야 하는 일련의 조치 업무로 업무 내용으로는 휴대 수하물 처리, 좌석벨트 착용, 금연 수칙 준수, 전자기기 사용 제한이 있다.

③ 사고 대비 활동 업무란 비행 중 만일의 사고가 발생할 수 있음을 상정하고 이 같은 상황 발생 시 객실승무원이 적절히 대비하기 위해 취해야 하는 업무로서 비상장비 및 기내 설비 점검은 사고를 미연에 방지하고 비상사태 발생 시 승무원이 신속하게 대처키 위해 비행 전 반드시 실시해야 한다.

④ 휴대 수하물 규제 및 처리란 승객의 과다한 짐은 비상구나 통로를 막아 비상사태 시 신속한 탈출에 저해가 되며 Turbulence 발생하면 승객에게 상해를 입힐 우려가 있으므로 반드시 규정에 맞게 반입이 규제되고 적절하게 보관되어야 한다.

⑤ 승객 좌석벨트 점검은 항공기 이착륙 시나 Turbulence 발생 또는 예기치 않은 항공기 충돌 시 발생하는 심한 기체 요동은 승객의 신체를 좌석 밖으로 튀어나가게 한다. 이를 방지하기 위한 최선의 조치는 승객이 상시로 좌석벨트를 착용하는 것이다.

⑥ 이착륙 전 확인사항 점검은 항공기 이착륙 시는 사고의 위험이 가장 많을 뿐 아니라 기체의 동요도 가장 심시점이다. 따라서 객실승무원은 이착륙 전 각종 확인사항을 담당구역별로 철저히 점검 하여 만일의 사태에 대비하여야 한다.

⑦ 30 Second Review란 평소 비상사태 발생 시의 행동요령에 대해 생각하는 승무원만이 예기치 않은 비상사태 발생 시 신속한 대처를 할 수가 있다. 객실승무원은 이착륙 시 승무원 좌석에 앉아 있는 동안 비상사태 발생 시의 객실승무원 처리 절차에 대해 항상 Review하는 습관을 길러 만일의 사태에 신속하게 대처할 수 있어야 한다.

⑧ 전자기기 사용의 제한은 승객이 갖고 타는 전자기기의 기내 사용은 주파수 간섭 등으로 심각한 운항 상의 문제를 야기할 우려가 있으므로 반드시 규정에 의거하여 사용을 제한해야 한다.

⑨ 기내 흡연 및 음주 제한은 무분별한 기내 흡연자 및 과음자는 대다수 승객의 쾌적한 여행을 저해할 뿐만 아니라 화재를 유발할 우려가 있는 등 객실 안전의 저해가 되므로 객실승무원은 무분별한 기내 흡연자 및 과다 음주자에 대해 적절한 통제를 하여야 한다.

운항 중 만나게 되는 Turbulence는 심각한 기체 동요를 유발하여 승객을 튀어 오르게 하거나 유동물이 날아다니게 하여 승객을 다치게 할 수 있다. 따라서 객실승무원은 항상 이에 대비하여 승객의 좌석벨트 점검을 철저히 하고 아울러 좌석벨트 상시 착용 안내방송을 습관화 하여야 한다.

제2장

객실승무원의 기본매너

제1절 객실승무원의 용모

제2절 승객 응대법

제3절 국가별 승객 응대법

제4절 상황별 기내 응대법

제1절 객실승무원의 용모

1. 객실승무원의 자세

항공사 승무원에게 있어 바르고 아름다운 자세와 동작은 자신의 좋은 이미지 형성에 큰 역할을 한다. 면접에서는 첫눈에 보이는 상대방의 첫인상, 그리고 사람의 행동 등 전체적인 이미지와 사람됨, 성실함을 보게 된다. 따라서 면접에 임할 때 몸에 배인 좋은 습관과 매너를 익히는 것이 중요하며, 행동이나 표정이 바르지 못하다면 세련되지 못한 이미지로 보일 수 있기 때문에 예의 바른 매너와 행동들을 익히는 것이 필수이다.

1) 서는 자세

- 턱을 당겨주는 느낌으로 시선은 정면을 향하도록 한다.
- 어깨는 힘을 빼고 웃는다.
- 등줄기는 꼿꼿이 편다.
- 팔을 가볍게 굽혀 오른손을 왼손 위에 가볍게 포갠다.
- 무릎은 힘을 주어 붙인다.

2) 앉는 자세

- 등줄기를 꼿꼿이 펴고 의자에 앉는다.
- 손은 치마 끝선에 모아둔다.
- 양 무릎은 붙이고 다리 사이가 벌어지지 않도록 하며 수직으로 내려놓는다.
- 이 때 시선은 정면을 바라본다.

3) 일어설 때 자세

- 양발을 가볍게 끌어 당겨 일어선다.

4) 걷는 자세

- 턱을 당기고 나아갈 방향을 똑바로 본다.
- 눈은 정면을 향한다.
- 등을 똑바로 세우고 어깨 힘을 뺀다.
- 무릎을 펴고 다리를 구부릴 때에는 옮기기에 적당한 각도로 걷는다.
- 팔에 힘을 주지 않고 팔꿈치 위는 붙이고 아랫부분만 자연스럽게 흔든다.
- 걸을 때 중심은 안쪽으로 둔다.

2. 객실승무원이 인사

인사는 만남의 시작이며 상대방에 대한 존경심과 친근감의 표현이므로 밝고 자연스러운 인사는 승객과의 만남에 있어서 첫인상을 결정하는 중요한 요소이므로, 적극적으로 자신의 정성된 마음을 표현할 수 있다. 객실승무원은 인사와 더불어 상황에 맞는 자연스러운 인사말을 구사할 수 있어야 한다. 간결하면서도 정성된 마음을 전할 수 있는 함축적인 인사말을 하도록 한다.

① 걸을 때 인사 : 멀리서 상대와 눈이 마주쳤을 경우 가볍게 목례를 한 다음 약 2m 정도 거리까지 자연스럽게 다가가 인사를 한다.
② 계단에서의 인사 : 계단을 오르거나 내릴 때는 가까운 위치에 이르렀을 때 인사를 나눈다.
③ 앉아서 인사 : 앉은 상태에서 상체를 곧게 펴고, 상대의 눈을 보며 가벼운 목례를 한다.
④ 15도 인사(목례) : 협소한 장소 혹은 가까운 사람을 만났을 때 하는 인사이다.
⑤ 30도 인사(보통례) : 일반적인 경우에 하는 인사이다.
⑥ 45도 인사(정중례) : 사과 또는 감사의 표현을 할 때 사용되는 인사이다.

10도 자세
가볍게 인사하는 자세

30도 자세
중례 자세

45도 자세
경례 자세(면접 시 인사 자세)
감사의 마음이나 사죄 등의 정중한 자세

↘ 인사 방법

① 가벼운 인사보다 깊게 상체를 기울이고 원래대로 되돌아오는 동작의 구분을 분명히 한다.

② 인사 시 각도보다는 속도가 중요하며, "안녕하십니까?"를 말하며, 상체를 앞으로 숙이고 말이 끝나면, 머리, 등, 허리선이 일직선이 되도록 숙인 상태에서 1초 동안 정지한 후 상체를 펴며, 이때 내려갈 때의 속도보다 약간 느리게 올라오면, 가장 바른 인사를 표현할 수 있다.

③ 인사의 가장 중요한 포인트는 인사 받는 사람의 눈을 보며 인사하고 인사가 끝난 후 다시 인사 받는 사람의 눈을 응시한다.

④ 인사해야 할 상대방과 Eye Contact 한 후 등과 목을 펴고 배를 끌어당기며 허리부터 숙인다.

↘ 인사 시 손의 자세

① 여성의 경우 공수자세로 오른손이 위로 오게 자연스럽게 포개어 잡고 허리선 5cm 정도 아래 높이에 자연스럽게 동작을 취한다. 이때 왼손이 위로 올라가는 경우는 초상집에서 쓰는 자세이므로 주의하도록 한다.

② 남자의 경우는 왼손이 위로가게 포개어 잡는다.

3. 객실승무원의 표정

객실승무원의 표정은 고객에게 서비스를 제공하는데 있어 중요한 기본 예의이다. 고객에게 밝은 표정과 웃는 얼굴 그리고 감사와 친절을 표현하여 진심으로 고객을 맞이한다면 상대방은 편안한 마음을 갖게 된다.

① 항상 미소를 잃지 않도록 노력한다.
② 승객 앞에서 피곤한 기색을 드러내지 않는다.
③ 입은 항상 미소를 머금는다.
④ 무표정한 얼굴은 하지 않는다.
⑤ 미간을 찡그리거나 짜증을 내지 않는다.
⑥ 입술을 꽉 다문채로 있지 않는다.
⑦ 입과 눈이 함께 웃도록 한다.
⑧ 위의 앞니가 6개 이상 보이도록 웃는다.
⑨ 입술이 한쪽으로 치우치지 않도록 웃는다.

4. 객실승무원의 화법과 발성

① 상대방에게 호감을 주는 밝은 음성으로 대화를 한다.
② 1분 이내로 자신의 말을 마무리하고 2분 이상 상대가 말하는 것을 들으며 3분 이상 긍정의 맞장구를 치는 1.2.3 화법을 사용한다.
③ 알기 쉽고 분명하고 조리 있게 말한다.
④ 목소리가 지나치게 크거나 작게 말하지 않는다.
⑤ 상대방의 눈을 마주치며 대화를 한다.

⑥ 불필요한 말과 중복된 이야기는 하지 않는다.

⑦ 알아듣기 쉬운 성량으로 정확하게 말한다.

⑧ 한 자 한 자 명확하게 발음한다.

5. 객실승무원의 용모

객실승무원의 용모는 스스로의 존중과 자기 이미지를 평가함과 동시에 회사의 이미지를 결정짓는 중요한 요소이다. 지나친 유행을 피해야 하며 품위 있고 깨끗한 이미지로 승객에게 호감 가는 단정한 모습을 유지해야 한다.

① 여승무원의 Hair-do는 커트형, 단발형, 긴 머리형의 기본형 중 자신에게 어울리는 스타일을 선택한다.

② 손질되지 않는 상태의 웨이브나 파마머리는 금하며 염색, 발색, 변색, 가발 사용은 금한다.

③ 메이크업은 너무 진하거나 어둡게 하지 않으며 유니폼에 어울리는 밝고 자연스러운 분위기로 연출한다.

④ 파운데이션은 목과 차이가 나지 않는 것을 선택하여 자신의 피부타입과 가까운 것을 선택하여 바른다.

⑤ 눈썹은 잘 정돈하여 눈썹선 윤곽에 맞게 그린다.

⑥ 이이섀도는 광택이 없는 계열로 뭉치지 않게 펴 바른다.
⑦ 아이라인은 전체 눈가에 진하게 다 그리지 않는다.
⑧ 마스카라는 블랙과 브라운에 한하여 사용하며 인조 눈썹의 사용은 금한다.
⑨ 립스틱 은은하고 차분하게 연출하고 너무 건조하게 지나치게 번들거리지 않도록 한다.
⑩ 립 라이너는 립스틱과 동일 색상으로 선택하여 바른다.
⑪ 볼터치는 생동감 있고 화사한 분위기를 위해 피부색과 어울리는 색상을 선택하고 가볍게 blush한 후 경계선이 보이지 않도록 마무리한다.
⑫ 손은 항상 청결을 유지하며 손톱길이는 2mm 이내로 사용한다.
⑬ 손톱은 립스틱 색깔과 동일하거나 투명 매니큐어를 발라야 한다.
⑭ 손목시계는 반드시 착용하며 요란한 색상이나 현란한 디자인은 피한다.
⑮ 반지는 2개까지 허용하며 10mm 이내의 단순한 디자인이어야 한다.
⑯ 귀걸이는 부착형이 심플한 디자인 1쌍이 허용된다.
⑰ 폭 7mm의 팔찌와 5mm 이내의 목걸이 1개가 허용되며 너무 화려한 보석류는 하지 않는다.

6. 객실승무원의 제복

항공사 객실승무원은 제복을 착용하고 있다. 일본에서도 객실승무원이 탑승한 항공사는 모두 제복을 입도록 한다. 객실승무원의 제복 종류는 항공사의 '객실승무원의 제복의 표준적 디자인'이라는 개념이 있어, 그것에 가까운 디자인의 제복들이 주류를 차지하고 있고, 변화가 있다고 해도 문장이나 회사 이름 로고, 스커트(Skirt)나 스카프(Scarf)의 범위(여성 객실 승무원) 빛깔 등에 차이가 있는 정도이다. 또한, 1990년대 전반까지는, 여성 객실승무원의 제복은 제복 모자와 장갑, 스카프가 준비된 경우가 많았지만, 제복 모자와 장갑을 착용하는 것은 거의 없어지게 되었다.

제복을 입은 객실승무원은 항공사를 대표하는 직업과 명예의 상징이다. 제복을 입은 상태는 회사를 대표하는 이미지가 강하기 때문에 항시 몸과 마음을 바르게 가지고 행동해야 한다.

① 제복은 항상 완전한 상태로 착용해야 한다.
② 항상 청결하고 단정히 유지해야 한다.
③ 제복 착용 시 회사에서 지급한 부착물 외에 개인적인 부착물을 패용하지 않는다.
④ 제복 착용 시 껌을 씹거나 안경을 끼거나 휴대폰 사용은 자제한다.
⑤ 개인적인 업무를 볼 때 제복을 착용하고 외출하지 않는다.
⑥ 회사의 허락 없이 제복 입은 모습을 언론에 노출하지 않는다.

제2절 승객 응대법

1. 내적 이미지 메이킹

객실승무원은 외적인 아름다움보다 내면적인 서비스 마인드 수양이 더욱 중요하다. 승객들의 요구가 날로 까다롭고 수준이 높아짐에 따라 객실승무원이 고객을 응대하는 마음가짐은 진심이 담긴 태도와 말투가 항상 요구된다.

기내에서 승객과의 커뮤니케이션과 문화적 차이를 이해하고 타인을 배려하는 자세로 서비스에 임해야 할 것이다.

최근에는 고객의 반응이 즉각적이며 다양한 채널을 통해 서비스가 평가되고 있다. 예전에는 서비스에 대한 칭송 또는 불만과 같은 고객의 의견이 주로

서신을 통해 접수 되었으나 PC 사용의 대중화로 항공사마다 서비스의 평가가 보다 즉각적이고 직선적으로 공개되어 있어 이에 대한 긍정적, 부정적인 효과가 여실히 드러나고 있다.

① 승객 응대 시 항상 성의를 가지고 응대한다.
② 기내 항공업무 지식을 바르게 알고 승객의 요구에 부응하도록 한다.
③ 친절한 마음과 말투로 승객들을 대한다.
④ 적극적으로 환대하고 승객의 의도를 파악하는 센스를 발휘한다.
⑤ 승객과의 약속은 반드시 지키도록 한다.

2. 기내에서 객실승무원의 고객 응대법

객실승무원이 고객으로부터 칭송을 받는 경우, 대부분은 승무원의 인적인 요소에 관련된 부분이 많다. 자신의 직업에 대한 사랑과 책임감이 고객감동으로 연결될 수 있으며 늘 자신이 고객의 입장이 되었을 때를 생각하며 업무에 임한다면 칭송의 주인공이 될 수 있다.

① 승객의 호출은 가능한 신속하고 정확하게 해결한다.
② 승객과 싸우거나 언쟁하지 않는다.
③ 갤리 주변에서 근무를 할 때에는 조용하게 일하며 되도록 큰소리로 말하지 않는다.
④ 무책임한 발언이나 실소를 하지 않는다.
⑤ 동료와 사담은 자제하며 승객을 가르치려고 하지 않는다.
⑥ 한 승객에게 편중되지 않고 모든 승객에게 공평한 서비스를 한다.
⑦ 승객과 연락처를 주고받거나 사적인 대화를 하지 않는다.
⑧ 용모와 복장은 항상 단정히 한다.

3. 고객의 유형별 응대

① 성급한 승객 : 분명하고 빠른 응대로서 명확한 대답과 신속한 행동을 한다.
② 까다로운 승객 : 성의 있는 태도와 미소로 승객의 의견을 경청하고 상냥한 말투로 응대한다.
③ 거만 과시형 : 정중한 자세로 승객의 말을 경청한다.
④ 명랑 쾌활한 성격 : 예의를 갖추어 대하고 "예", "아니오"를 분명히 한다.
⑤ 온순 과묵한 성격 : personal touch를 통해 고객에게 접근한다.
⑥ 호기심이 많은 고객 : 자신 있고 명확한 대답으로 궁금증을 해결한다.
⑦ 어린이 동반 승객 : 어린이에게 관심과 찬사를 보낸다.
⑧ 노년층 승객 : 항상 예의를 갖추고 호칭에 유의한다.

4. 불만고객의 응대 방법

승객이 원하는 것은 큰 것이 아니며 사소한 일로 불쾌해지고 사소한 일로 기뻐한다는 사실을 기억하여 승객의 사소한 요구사항에 세심한 배려로 근무에 임해야 한다. 고객의 불쾌한 마음을 재빨리 알아차리고 유쾌한 마음으로 전환되도록 노력하는 것이 승무원에게 필요한 고객응대 자세이다.

① 불만 고객의 유형은 자기과시형이나 성격이 급하고 신경질적인 사람이 많다. 항공 여행의 경험이 많아서 서비스 내용에 민감하기 때문에 항시 주의를 해야 한다. 불만을 밖으로 표출시키지 않는 승객도 있는데 이는 더 위험한 승객이다.
② 고객의 말을 끝까지 경청한다.
③ 고객의 입장을 존중하고 적절히 동조한다.
④ 문제 해결을 하려는 적극적인 자세를 취한다.

⑤ 무시하거나 승객의 말을 중간에 자르지 않는다.
⑥ 잘못한 부분이 있으면 즉각 사과한다.
⑦ 책임을 다른 사람에게 전가하거나 문제를 회피하는 태도를 보여서는 안 된다.

5. 불만처리의 4원칙

① 원인파악 : 불평, 불만의 원인과 핵심이 무엇인지 파악한다.
② 신속해결 : 최초 알았을 당시 가능한 빠르고 신속하게 해결한다.
③ 우선사과 : 고객은 이미 화가 나 있는 상태이므로 감정이 고조되어 있는 상태이다.
④ 불논쟁 : 어떠한 경우가 있어도 승객과 논쟁을 하지 않는다.

제3절 국가별 승객 응대법

1. 국가별 승객 응대법

1) USA

- 한국인은 주로 비즈니스맨, 유학생, 친지방문 여행객으로 구성되며 상위 클래스 탑승률이 높다.
- 젊은 층 승객 탑승률이 높아 서비스 시 말씨, 표정, 태도에 유의한다.
- 와인 및 주류 요청이 많으며 상위클래스 외국인 승객은 페리에, 클럽소다, 다이어트 콜라 선호한다.
- 여분의 담요, 베개 요청이 많으므로 미리 준비해 둔다.
- 뉴욕공항 혼잡으로 인해 이륙 지연이 잦으므로 안내방송을 철저히 실시한다.
- 미국인들은 낯선 사람들에게도 인사를 할만큼 친숙하고 적극적인 의사

표현을 한다.

- 대부분 우호적인 편으로 서비스에 대해 관심이 많고 궁금한 것은 참지 못하고 이것저것 질문이 많다.
- 격식을 차리기보다는 자유로운 것을 좋아해 기내에서 맨발로 다니는 경우가 흔하다.
- 기내 안전에 대한 의식이 철저해 규정에 대한 인지도가 높다.
- 비행 중 스트레칭을 하는 사람이 많다.

2) 일 본

- 대부분 일본어만으로 의사소통을 원하는 편이므로 일본어로 서비스를 한다.
- 전반적인 서비스 진행에 대하여 수용하는 자세이며 주문한 내용에 대해서는 담당승무원이 해결해 줄 때까지 기다리는 대부분 우호적인 자세이다.
- 식사 전, 중에 맥주를 선호하므로 차갑게 서비스하도록 하고, 식사 후에는 차와 커피를 모두 좋아한다.
- 기내 온도와 상관없이 담요를 찾는 승객이 많다.
- 일본 신문 중 경제신문과 스포츠신문을 선호하는 편이며 개인 독서물품을 소지하고 탑승한다.
- 취식속도가 느리므로 서비스 시 너무 서두르지 않는다.

3) 중 국

- 중국인 일행과 큰소리로 대화를 나누며 모여 있는 것을 좋아한다.
- 손가락으로 가리키는 것을 매우 싫어하며 대우 받고 있는 느낌을 원한다.
- 타 국적 승객과 충돌 시 이해도, 수용력, 협동심이 다소 부족하다.
- 개인 쓰레기양이 많으므로 수시로 모아서 승무원에게 건네준다.
- 화장실 사용법 등 공공시설에 대한 질서 및 청결의식이 부족한 경향이다.

- 식기 등 기내 아이템을 가지고 가려는 습성이 있다.
- 항공기 출·도착 지연에 민감하거나 심각하게 받아들이는 경향이 적다.
- 단거리의 경우 입국서류를 작성하지 못하는 분이 많으므로 도움이 필요한 승객에게는 적극적으로 작성을 협조한다.

4) 러시아

- 식사와 함께 보드카, 맥주를 많이 드신다.
- 물보다는 주스나 soft drink를 따뜻한 음료보다는 찬 음료를 먼저 권유하도록 한다.
- 식사를 드시지 않고 술만 드시는 분들은 빨리 취할 수 있으므로 스낵이나 디저트를 적극 권유하도록 한다.
- 음주에 대한 강한 애착으로 과음을 하는 경우가 많다.
- 여럿이 모여서 얘기하는 것을 좋아한다.
- 남들에게 제공되는 서비스를 본인이 제공 받지 못했다고 생각하면 매우 화를 낸다.
- 문화적인 자부심과 문화생활에 대한 열의가 대단하다.

5) 프랑스

- 자국어에 대한 자긍심이 높아 무조건 불어를 사용한다.
- 항공사 경험이 많아 서비스에 대한 기대 수준이 높은 편이다.
- 물보다는 페리에나 클럽소다를 즐겨 마신다.
- 한식보다는 양식을 선호한다.
- 아프리카계 프랑스 승객들의 경우에도 문화 및 지식수준이 높은 편이다.
- 활기차고 자유로운 성격으로 주변사람들과 먹고 마시는 것을 즐긴다.
- 승무원이 주문 접수 후 잊어버려도 재차 오더하지 않으므로 메모패드를 적극 활용하여 서비스 스킵이 이루어지지 않도록 한다.

• 휴식 중에도 치즈와 과일 등 간식을 즐기므로 수시로 권유하도록 한다.

6) 독 일

• 토론을 좋아하는 독일인의 특성 상 주위에 앉은 일행과 대화를 나누거나 독서를 즐긴다.
• 다른 사람과 몸이 스치는 것을 싫어하는 경향이 있다.
• 정확한 것을 당연시하며 늦거나 지연되는 것을 참지 못한다.
• 보수적인 성향이 강하여 자신들의 문화, 개인 물건 등을 소중히 여긴다.
• 호주머니에 손을 넣는 것은 결례이다.

7) 이태리

• 개인 여행객이 대다수이며 여행 경험이 풍부하여 간편한 복장과 휴대수하물의 부피도 크지 않다.
• 생선이나 해산물을 선호하며 치즈, 와인, 디저트를 즐겨먹는다.
• 다혈질적 성향이 강해 우리나라 사람들과 비슷하여 지난 일은 금방 잊는 경향이 크다.
• 성격이 활발하여 의사 표현이 정확하다.
• 짧은 대화는 제스처를 사용한다(이태리에서는 몸짓만으로 대화하는 경우가 많다).
• 간식이나 음료수를 자주 마시고 대화를 많이 한다.
• 동양인에 대한 관심이 많고 사교적이다.

8) 스위스

• 보수적이고 내성적인 경향이 있고 자신들이 세계 최고라는 자부심이 있다.
• 매너를 중시하고 양보하는 습관이 배어 있으며 친한 사이라도 주위에 피

해를 주지 않으려고 노력한다.

- 악수 및 이름을 기억하는 것에 많은 의미를 둔다.
- 와인을 즐기는 편이며 와인과 치즈에 대한 지식이 풍부하다.
- 메인요리보다 디저트나 와인을 까다롭게 고르는 경향이 있다.
- 영화 상영 시 따뜻한 커피를 서비스하면 좋아한다.

9) 영 국

- 냉소적이고 무뚝뚝한 편으로 표정 변화가 거의 없다.
- 개인적인 성향이 강하여 불필요한 퍼스널 터치를 싫어한다.
- 남성 승객의 경우 신사라는 이미지를 중시, 여성 승객을 우선 배려하는 서비스를 원한다.
- 수시로 물을 마시며 기내 영상물에 무관심하며 독서를 즐기는 편이다.
- 대화중의 표현에 있어 말을 억제하는 성향도 있다.

10) 호 주

- 일행끼리 서서 대화를 즐기거나 항공기 외부 풍경감상을 즐기며 창문 커튼을 닫지 않으려는 경향이 있다.
- 표정이 밝고 매우 우호적이며 모든 서비스에 대해 긍정적인 반응과 함께 적극적으로 감사의 뜻을 표현한다.
- 호주는 영국계 영어를 사용하므로 미국식 발음과 상이하므로 의사소통 시 오해의 소지가 없도록 주의한다.
- 보호의 대상을 여성－장애인/노약자－동물의 순서로 개념화할 정도로 인권 및 여성 보호의식이 잘 발달되어 있어 승무원에 대한 호감도가 높아 여승무원에게 협조적이다.
- 화가 나도 겉으로 잘 표현하지 않는다.

11) 뉴질랜드

- 철저한 주 5일제의 영향으로 금요일부터 주말여행이 생활화 되어 있다.
- 스포츠에 열광하며 럭키나 요트를 즐긴다.
- 소박하며 다민족 국가로 다른 국가 사람이나 문화에 대해 배타적이지 않다.
- 칵테일에 대한 선호도가 높고 와인은 식사 시 함께 마신다.

2. 노선별 승객 응대법

1) 한일노선

짧은 비행시간에 따른 조급함이 승객에게 불손함으로 노출되지 않도록 세심한 주의가 필요하다. 일본인 승객은 기본적으로 온순하고 협조적이나 일단 불만을 갖게 되면 여러 번 정중하게 사과해야 한다.

2) 미주노선

교포 승객은 한국인이지만, 사고방식은 미국화 되어 있어 이에 대한 배려가 필요하다. 미국인 승객은 쾌활하고 합리적이어서 친근한 서비스도 효과적이다.

3) 구주노선

음식 및 주류에 대해 까다로운 취향을 가진 승객이 많으므로 이에 대한 지식이 요구되며 모든 서양인을 미국인으로 보는 것은 위험한 발상이다.

4) 대양주노선

관광객이 많으므로 흥을 유지하되 안전에 더욱 유의해야 하며 승무원의 경험을 통한 현지 정보를 드리는 것도 좋은 서비스이다.

5) 중국 / 러시아 노선

중국 승객에게는 보다 여유 있는 서비스가 필요하다. 러시아 승객과의 언어불통은 현지 승무원의 업무협조로 극복한다.

6) 동남아 노선

특정 종교에 따른 스페셜 밀이 많으므로 밀 서비스 시 유의한다.

7) 중동 노선

독실한 회교도는 알코올을 절대 금하며 금식 규정도 철저히 지킨다. 왼손은 생리적인 일을 하는 용도로 사용되므로 오른손을 주로 사용한다.

제4절 상황별 기내 응대법

1. 거절해야 할 경우

좌석 업그레이드 요구와 상위 클래스 서비스 아이템을 요구 할 때에는 정중하게 거절하고 그렇게 하지 못하는 이유에 대해 설명을 드리고 죄송하다고 말씀 드린다. 또한 상위클래스 물품과 비슷한 물건이 일반석에 실릴 수 있으므로 대체할 수 있는 물건으로 서비스할 수 있도록 한다.

2. 만취승객의 술 요구

기내에서의 지나친 음주는 지상에서보다 더 빨리 취할 수 있음을 설명드리고 따뜻한 차나 물로 대신 서비스한다.

3. 흡연제지

기내에서의 흡연은 법적으로 금지되어 있으며 승객 모두의 안전을 위해 금연해야 한다. 흡연에 대해 문의하시는 고객에게 사탕이나 스낵을 서비스한다.

4. taxing 중 좌석 이탈

비행기가 갑자기 멈추게 되면 위험하기 때문에 비행기가 완전히 멈출 때까지 좌석에 착석할 것을 유도한다.

5. 비행기가 지연 출발되었을 경우

정비, 날씨로 인한 항공기 지연은 안전하게 출발하기 위한 것이므로 안전을 강조하고 그동안 음료수를 서비스 하도록 한다.

6. 음료수를 엎질렀을 때

충분히 사과드리고 회사에서 발행하는 세탁권을 제시하여 보상받을 수 있도록 한다.

7. 기내 설비의 고장

오디오, 비디오의 고장은 조속히 문제점을 파악하여 고칠 수 있도록 하고 그동안 기내 신문, 잡지, 체스, 바둑 서비스를 권유한다.

8. 늦은 서비스

서비스 스킵이나 주문 시간이 많이 지체되었을 경우 자신의 잘못을 인정하고 정중히 사과드린다.

↘ 롤 플레이 연습해 봅시다!

승객 : 다리가 아파서 그런데 좌석을 앞으로 옮겨 주세요.

승객 : 라면이 너무 먹고 싶은데 라면 좀 주세요.

승객 : 슬리퍼를 구할 수 있을까요?

승객 : 스포츠 신문을 보고 싶은데 신문이 다 떨어진 경우

승객 : 음식에 머리카락이 들어갔을 경우

승객 : 승객 한분은 너무 춥고 다른 분은 덥다고 하실 때

승객 : 기내에서 흡연한 승객

승객 : 승객 한 분이 신발을 벗어 냄새가 난다고 불평하는 승객

승객 : 기내 담요를 기념품으로 갖고 싶다고 우기는 승객

승객 : 아이가 시끄럽게 떠들어서 휴식에 방해가 된다는 승객

승객 : 기내 안에서 핸드폰을 사용하겠다고 우기는 승객

승객 : 항공기 출발이 늦어 연결 편 비행기를 못 탈 것 같은 승객

승객 : 이륙 전 화장실이 급하다고 하는 승객

승객 : 기내서비스 중 콜라를 손님 바지에 엎질렀을 경우

승객 : 기내 소음으로 불평하시는 승객

↘ 기내상황 롤 플레이

1. ON THE GRAND

상황 : BOARDING

C/A : 안녕하십니까? 어서 오십시오.
탑승권을 보여주시겠습니까?
제가 좌석을 안내해 드리겠습니다.
이쪽으로 오십시오.
김 선생님 좌석은 안쪽입니다.

ENGLISH(1)

C/A : Good morning, sir / ma'am. welcome aboard.

P/X : Is this the plane bound for seoul?

C/A : Yes. This is -----Air flight ○○○ bound for Seoul, Korea.

May I help you with your bag?

Your seat is in the front of the cabin on the right.

I will escort you to your seat.

Please make yourself at home and enjoy yourself.

ENGLISH(2)

C/A : Good morning, sir / ma'am. welcome aboard.

May I see your boarding pass, please.

P/X : Here you are.

C/A : Come this way please.

I will carry your baggage for you.

The window seat is yours.

May I put your baggage in the overhead bin?

I'm sorry but would you please put the whisky bottle under the seat in front",of you because it might fall during the flight.

I hope you enjoy your flight.

상황 : COAT & BAGGAGE HANDLING

C/A : 김 선생님, JACKET을 걸어드릴까요?

여행 중 필요하신 물건이나 귀중품은 없으십니까?

앞쪽 COATROOM에 걸어드리겠습니다.

C/A : 가방은 위쪽 선반이나 앞좌석 밑에 넣어주십시오

P/X : 이 가방은 너무 커서 위에 들어가지 않네요.

C/A : 그러시면 앞쪽 COATROOM에 보관해 드리겠습니다.

P/X : 감사합니다.

ENGLISH(1)

C/A : Good morning, sir / ma'am. welcome aboard.
May I see your boarding pass, please.

P/X : Here you are.

C/A : Come this way please.
I am sorry but this baggage is too big to fit in the cabin.
I will keep your baggage in the coatroom for you during the flight.
Please remember the location of your baggage and let us know at any time if you need it.

상황 : READING MATERIAL SERVICE(비즈니스 클래스)

C/A : 신문 보시겠습니까? / 신문 준비했습니다.

P/X : 어떤 신문이 있나요?

C/A : ○○○ 등이 준비돼 있습니다.
주요 일간지를 비롯한 경제지, 스포츠 신문, 석간 등이 있습니다.

P/X : ○○○ 주세요.

C/A : 네. 여기 있습니다. 주간지를 비롯한 여러 가지 잡지도 있습니다.

P/X : ○○ 주세요.

C/X : 네. 알겠습니다.

ENGLISH(1)

C/A : Would you care to a newspaper or a magazine?
We have local English newspapers and magazine for you.
P/X : Could I have the Los Angeles Times?
C/A : I am sorry, ma'am.
We've run out of them.
I will check if we have any left the other galley.
Meanwhile, would you like to read the Korea Times or the Korea Herald?
P/X : Yes, I'd like the Korea Times.
C/A : Thank you, ma'am. Here you are.
I appreciate your kind understanding, ma'am.

상황 : WELCOME DRINK & CANAPE SVC(비즈니스 클래스)

C/A : 김 회장님, 탑승해 주셔서 감사합니다. 시원한 음료 준비했습니다.
P/X : 무슨 음료가 있나요?
C/A : O/J, G/J, 샴페인 그리고 MIMOSA라는 COCKTAIL도 있습니다.
P/X : MIMOSA로 주세요.
C/A : 네, 여기 있습니다.
이 칵테일은 샴페인(CHAMPAGNE)과 오렌지주스(ORANGE JUICE) 그리고 꼬엥뜨로(COINTREAU)라는 리큐어(LIQUEUR)가 들어간 부드러운 칵테일입니다.
CANAPE와 드시면 더욱 맛이 좋습니다.
시원하게 드십시오. / 맛있게 드십시오.

ENGLISH(1)

C/A : Welcome aboard, Mr. Smith.
The weather is pretty hot.
Would you care for a glass of welcome drink?
We have champagne, orange juice and mimosa.
It is a cocktail of Champagne mixed with orange juice & cointreau.
The smell and taste are so good that it is very popular among European.
Which one would you prefer?
We offer other drinks, as well.

P/X : Well, let me have some mimosa, please.

C/A : Yes, sir. Would you like some canape with your drink?
Here you are. Enjoy your drink.
Is there anything else I can do for you.

P/X : The cabin is a little warm for me.

C/A : I understand, ma'am.
I will cool down the cabin temperature in a minute.

상황 : SVC ITEMS & PREPARATION FOR TAKE OFF

C/A : 김 사장님, 잠시 후 이륙할 예정입니다.
좌석벨트 매주시겠습니까?
그리고 이륙하는 동안 발 받침대를 원위치로 해주시면 감사하겠습니다.

P/X : 알았어요. 샴페인 좀 더 주실래요?

C/A : 사장님, 죄송합니다만, 곧 이륙할 예정이여서 제가 이륙한 직후 샴페인을 가져다드려도 될까요?
드신 잔은 치워 드리고 새 잔으로 가져 다 드리겠습니다.

ENGLISH(1)

C/A : Sir, please fasten your seat belt.
For safety reasons, would you please refrain from extending your foot rest until after off shortly.

P/X : I see. Can I have some more champagne?

C/A : I am sorry, but we don't have enough time to be served now.
Can I get new one for you after take off?

제3장

항공기 특성 및 구조

제1절 항공기 특성

제2절 항공기 객실 구조

제3절 항공 객실서비스 등급

제4절 항공기 구성

제1절 항공기 특성

1. 여객기 이해

여객기는 여객(旅客)을 수송(輸送)하기 위해 제작(製作)된 민간용 비행기이다. 개인 소유의 소형기나 기업이 사용하는 사업용 제트기 등은 포함하지 않는다. 화물의 수송을 주로 맡는 화물기와는 일반적으로 구별되지만, 화물과 탑승객이 함께 운영되는 콤비네이션(Combination)이나 여객 운송 품목과 화물 운송 품목을 분리시키는 전환(convertible / 컨버터블) 등의 차이는 애매(曖昧)하다. 민간 화물 운송기는 여객기를 바탕으로 파생 설계되어 제조(製造)된 것도 많다.

여객기는 항공기 제조사가 제조(製造)하고, 항공 회사가 승객을 태우고 운항한다. 여객기의 운항 형태(形態)에는 사전에 앞서 결정된 시각표(Diagram)에 동반해서 항공회사에 의해 정기적으로 운항되어, 일반적인 정기편 외에 부정기로 운항되는 전세편(Charter)이 있다. 21세기 현재에서는 여객만을 수송하고 화물을 운송하지 않는 여객기는 존재하지 않는다.

2. 항공기의 역사

여객기의 역사는 라이트 형제(윌버 라이트(Wlibur Wright, 1867~1912)와 오빌 라이트(Orville Wright, 1871~1948)가 인류 최초의 동력 비행에 성공한 글라이더를 만든 장본인들)가 인류 최초의 동력 비행을 성공시킨 것은 1903년 12월 17일이다. 세계 최초의 비행은 모험에 가까웠고, 일반 사람들이 여행을 하는 수준에는 미치지 못했다.

여객기의 역사가 시작된 것은 제1차 세계대전 후 1919년 유럽에서부터이다. 크게 군축(軍縮)에 의해 군대에서 은퇴한 비행사나 민간으로 판매된 프로펠러 식의 군용기에 의해 여객 운송 사업은 시작했다. 폭격기나 정찰기를 개조한 기체로서 승객이나 우편물 등의 화물을 날랐다. 영국이나 프랑스의 기체는 나무로 만든 구조에 새털을 늘인 복엽(複葉) 비행기가 주체였고, 독일이나 네덜란드의 기체는 한쪽 날개인 단엽(單葉)기가 전 세계로 수송되었다.

1919년 2월 5일, 베를린(Berlin)과 바이마르(Weimar)를 잇는 세계 최초의 정기 항공편이 생겨났다. 그리고 3일 늦게 파리(Paris)와 런던(London)을 잇는 최초의 국제 항공편이 생겨났다.

1920년대를 통해서, 항공기의 기체는 1, 2차 세계대전 시기 그대로 존재했거나 신규 생산해도 거의 같은 모양의 설계 기술이 사용되었지만, 엔진만은 가볍세 신뢰싱이 높은 신세대의 공냉성형(空冷星型) 엔진이 실용화되어 탑재되었다. 그 당시 항공편의 주류는 우편 등의 화물 운송이었고, 여객 운송은 아류(亞流)였다.

1930년대에는 미국 주도에 의한 항공기 여객수송이 세계적으로 퍼져나간 것을 보여준 시기였다. 1933년과 1934년, 1936년에 취항한 보잉(Boeing)사와 더글러스(Douglas)사의 신예기(新銳機)에 의해 고속화가 달성되면서, 시간 단축과 운항비 절감에 의해 우편 수송용으로서의 정부로부터의 조성금(助成金)이 없어도 여객 수송만으로 경영이 이루어지게 되었다. 이때 전금속제 세미 모노로크(Monoroque) 구조에 의한 유선형(流線型)의 몸이라는 현재의 여객기의 표준적인 형태가 등장했다.

유럽에서도 당시의 항공 여객 수송의 주력이었던 비행선은, 1937년 힌덴부르크호 폭발사고를 계기로 위험성이 인식되어 비행기와 비교해서 비행 속도의 늦음도 있어서 이용되지 않게 되어 비행기가 본격적으로 이용되기 시작했다.

이 무렵, 여객기를 이용하는 승객은 비싼 요금을 지불하는 일부 사람으로 제한되어, 좌석 클래스는 현재의 퍼스트 클래스에 해당하는 것밖에 없었다. 비행 중에 제공되는 식사는 반드시 제공되기 직전에 조리 또는 가열되어, 하얀 테이블 크로스에 걸친 식탁에서 은으로 만든 식기를 사용하는 등 현재의 퍼스트 클래스를 웃도는 사치스러운 것이었다. 이 시대의 대양을 횡단하는 장거리 항로에는 기나긴 항속(航續) 거리에 대응해서 많은 연료를 탑재한 채로 이륙이 가능한 비행기가 사용되었다.

첫 비행 미츠비시 MC-20은 1940년, AT-2의 후속기로서 육군의 군용 수송기였지만, 병행해서 민간형도 생산되었다. 탑재력은 뒤떨어진 채로 미국의 비행기를 능가하는 최고 속도 시간당 430~470km 때의 고속성능이나 항속력(航續力)을 자랑하고, 또 총생산수로부터 전쟁 전 또는 전쟁 중의 일본을 대표하던 국산 수송기, 여객기였다.

3. 항공기 특성

1) 고속성

교통수단의 선택에 있어 가장 중요한 요인은 고속성이라고 할 수 있다. 비행 속도는 시속 600km로 다른 타 교통수단에 비해 월등히 빠르다.

2) 안전성

항공 교통이 지닌 또 다른 특성 중 하나는 안전하다는 것이다. 항공기 사고가 한 번 나면 인적, 물적 피해가 엄청나며 국민의 신뢰를 상실시키기 때문에 항상 안전운항에 민감해야 하며 지속적인 안전예방 투자확충, 시설장비 결함 방지 등 안전에 최우선으로 신경을 써야 한다.

3) 정시성

항공운항 시간표에 맞춰 항공사는 일정한 시간에 이·착륙함으로써 승객들의 편의를 돕고 있다. 항공사마다 3개월에 1번씩 타임테이블을 주기적으로 변경하고 있으며 승객들은 그것을 참고하여 항공사의 스케줄을 확인하고 간편하게 예약할 수 있으며 출·도착 시간이 정확하기 때문에 다음 스케줄을 고려할 수가 있다.

4) 쾌적성

항공기 좌석의 안락함과 180도로 누울 수 있는 편안함으로 승객들은 집에서 느끼는 안락함을 비행기 안에서 느낄 수 있다. 승객들의 요구수준이 까다로워지고 다양화되었지만, 깨끗한 내부와 객실 설비로 항공 수요에 맞는 적절한 서비스로 향상되어야 한다.

5) 친절성

서비스의 꽃이라고 불리는 항공객실서비스는 서비스 업계의 가장 모범적이고 정형화한 형태라고 볼 수 있다. 내부 고객인 승무원의 인적서비스를 극대화하여 승객들이 목적지까지 편안하게 여행하실 수 있도록 한다.

6) 신뢰성

일관되고 안정된 서비스를 구현해야 하며 매뉴얼에 맞는 유연한 서비스를 해야 한다. 매번 탑승할 때마다 항공사의 서비스가 정착이 되지 않고 바뀐다면 승객들은 매우 혼란스러울 것이다.

제2절 항공기 객실 구조

항공기의 기내를 Cabin이라고 하며 항공기 객실은 승객좌석, 각 주방, 비상문, 화장실 등으로 구성되어 있다. 각각의 Class로 구분되어지며 Class는 몇 개의 Zone으로 나뉜다. B747-400의 경우 A, B, C, D, E Zone으로 나뉘며 A Zone은 First Class, B Zone은 Business Class, C, D, E Zone은 Economy Class로 구분된다. 항공기는 대형기, 중형기, 소형기로 구분한다.

1. 대형기

대형기는 A380, B747-400, B777-300 등의 항공기를 말한다. 기종에 따라 비상구가 항공기 양측에 있으며 A, B, C, D, E ZONE으로 구분한다. B747의 경우 객실 전방 윗부분에 2층으로 연결된 UPPER DECK ZONE이 있다. 일등석 10 좌석과 비즈니스석 61석, 일반석 262명이고 총 333명의 좌석이 있다. 제조사는 보잉사이고, 최대 운항거리는 12,822km이며 최대 운항지속시간은 14시간 14분이다. 순항 속도는 916km/hr이다.

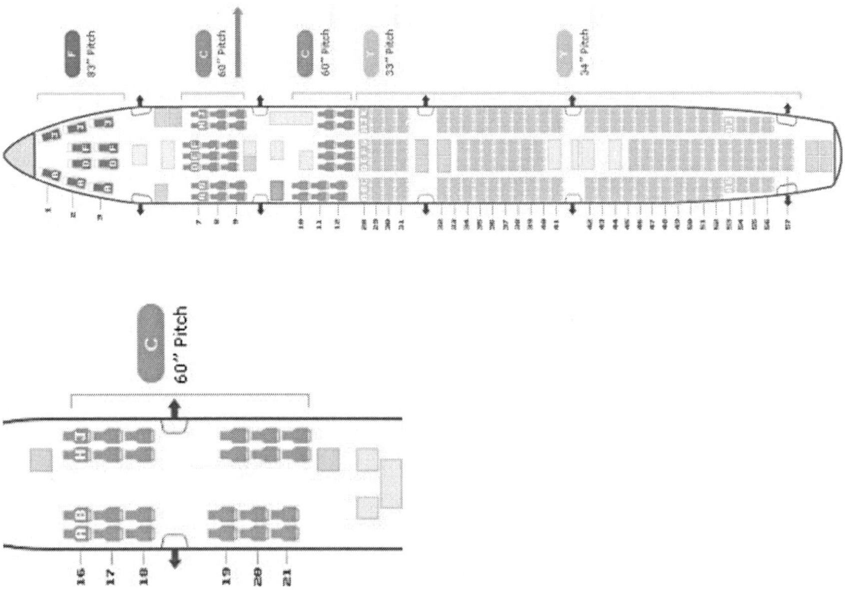

[K 항공사 B747-400]

2. 중형기

중형기는 A300-600, A330-200, A330-300 등의 항공기로 비상구가 양쪽에 각각 있으며 객실 구역은 A, B, C, D 존으로 이루어져 있다. 비즈니스석 24석과 일반석 252좌석으로 총 276명의 좌석이 있다.

제조사는 에어버스사이고, 최대 운항거리는 7,886km이며 최대 운항지속시간은 9시간 30분이다. 순항 속도는 879km/hr이다.

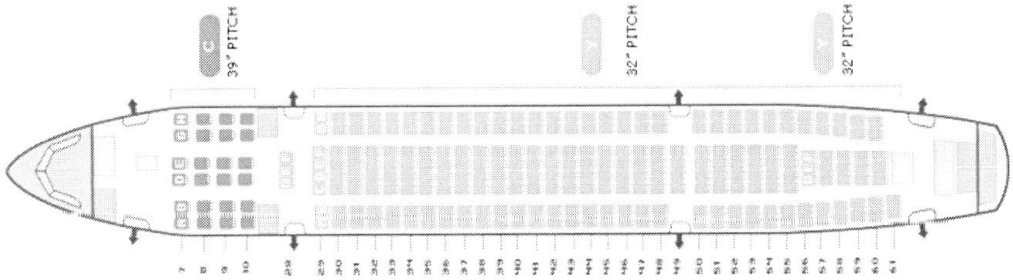

[A300–600]

3. 소형기

소형기는 B737, MD-11, F100 및 기타 소형 항공기가 이에 포함된다. 비상구는 2~3개로 객실의 구역은 전방, 후방으로 나뉘어서 근무구역을 설정한다. 비즈니스석은 8좌석이며 일반석 180좌석으로 총 188석의 좌석이 있다.

제조사는 보잉사이며, 최대 운항거리는 3,758km이고 최대 운항지속시간은 4시간 33분이다. 순항 속도는 840km/hr이다.

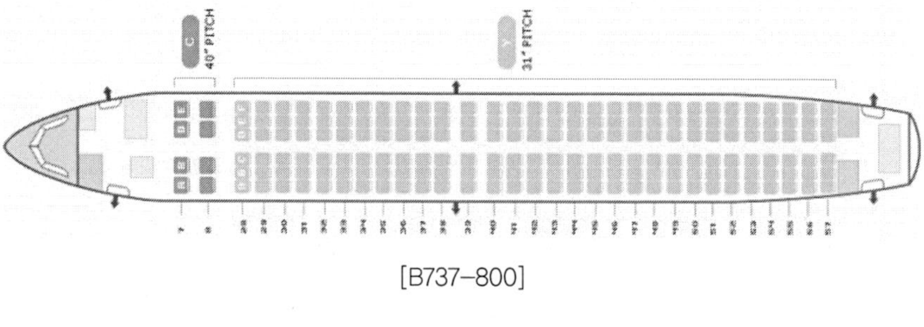

[B737-800]

제3절 항공 객실서비스 등급

항공사들은 초창기에 좌석등급 구분이 없는 모노클래스로 운영하다가 2차 세계대전 후 DC-4B, 1957년 영국의 Bristol 175 Britannia 등 탑승객수 30명 이상의 큰 비행기가 나오면서 처음으로 퍼스트클래스를 도입했다. 그리고 점보기가 등장하자 1981년 11월 1일, 제일 먼저 호주의 콴타스 항공(Qantas Airways)이 비즈니스클래스를 도입했다. 그리고 오늘날 퍼스트클래스보다 위인 '프리미엄 퍼스트클래스(P)'까지 등장했다.

항공기 내 좌석은 통상적으로 3단계로 분류된다. 항공사마다 지칭하는 용어는 다르지만, 최고급 좌석인 퍼스트 클래스(First), 고급좌석인 비즈니스 클래스(Business), 그리고 일반석이라고 부르는 이코노미 클래스(Economy)의 세 단계로 구분한다.

1. 일등석

일등석은 넓은 Seat Configuration 등 First Class민의 안락함과 쾌적함을 조성하는 타 Class와 구분되는 독립된 공간이다. 최대 좌석 수는 B747-400, B777, A330-300 12석과 AA330-200의 6석까지 항공사마다 조금씩 차이가 있으나 최대 20석을 넘지 않는 것이 보통이다. 퍼스트클래스는 슬리퍼시트라고 해서 좌석이 180도로 펼쳐져 장기간 야간비행 시 누운 자세로 비행할 수 있다. 물론 좌우폭도 다른 좌석에 비해 넓으며, 커다란 전용 PVR, 위성전화 등 다양한 시설이 겸비되어 있다.

최근 '날아다니는 호텔'이라고 칭할 정도로 더욱 명품화된 A380의 일등석은 기내에 샤워실이 구비되어 있어 승객들은 항공여행의 쾌적함과 고급스러움을 느낄 수 있다. 퍼스트클래스의 가격은 이코노미클래스에 비해 5~8배에 비싸며 퍼스트클래식의 기내식은 보통 4~5코스 요리로 나오고 각종 와인 및 양주, 과일, 케이크 및 초콜릿 등의 간식과 라떼와 에스프레소 등의 다양한 커피가 제공된다.

2. 비즈니스 클래스

비즈니스 클래스는 상위클래스로서 이코노미 클래스보다 넓은 좌석 간격으로 안락함과 쾌적함을 조성한다. 항공기종에 따라 비즈니스 클래스는 2층 Upper Deck에 위치하는 경우도 있다. 좌석수는 기종에 따라 Main Deck 28~24석과 Upper Deck 30석(B747-400), 38석(B747-300, B737-200)이 있다.

3. 일반석

각 기종마다 차이가 있으나 대략 300명 전후로 탑승이 가능하다. 비즈니스 좌석 후반부터 전 객실을 일반석으로 설정하여 이용하고 있다.

최근엔 승객의 편리함을 위해 일반석 좌석의 간격을 넓히고 개인용 모니터를 장착한 기종이 늘어 승객들에게 엔터테인먼트 서비스를 확장하고 있다. 또한 항공이용객의 증가나 새로운 기술의 항공기들의 등장으로, 기존 3가지에 머물던 기내좌석등급이 항공사에 따라 더 다양한 좌석등급을 선보이고 있다. 퍼스트 클래스보다 프라이버시 좌석을 장착한 좀 더 강화한 프리미엄 퍼스트 클래스나, 장거리노선에서 보다 편안한 공간을 제공하기위해 일반석 보다 좀 더 넓은 개인공간이 주어지는 이코노미 플러스 등의 좌석등급이 바로 그 예에 속한다.

제4절 항공기 구성

1. 항공기의 외부구성

1) 기체의 구성

가) Fuselage

항공기의 몸체 부분을 말하며 크게 조종실, 객실, 화물탑재 공간으로 나뉜다.

나) Wing

Wing은 Fuselage의 가운데에 위치한다. Wing의 전방은 Leading Edge라 부

르며 Wing의 후방은 Trailing Edge라고 부른다. Wing은 공기의 흐름을 조정하여 실제로 항공기를 날게 하는 양력을 발생시킨다. 예를 들면, Flap은 항공기 Wing의 Trailing Edge에 있는 움직이는 부분으로 항공기의 움직임에 따라 들어가거나 나오거나 하여 양력을 조정한다. 주 날개에는 그 외에도 선회작용을 하는 Aileron, 착륙 후 감속작용을 하는 Spoiler 등이 있다. 또한 Wing은 항공기의 연료 탱크로도 이용된다.

다) Tail Wing

꼬리부분은 Vertical Stabilizers(수직 안정판)와 Horizontal Stabilizers(수평 안정판)로 구성되어 있다. Stabilizers(안정판)는 항공기의 균형 유지, 상승, 하강 및 좌우 방향전환 작용을 한다.

라) Engine

Engine은 Fuselage의 옆이나 Wing 또는 꼬리부분에 장치되어 있으며 항공기에 주동력을 제공한다. 엔진의 숫자는 항공기에 따라 다를 수 있으며 엔진은 왼쪽에서 오른쪽으로 번호를 부여한다.

마) Landing Gear

Landing Gear는 지상이동 및 이착륙 시에 사용되며 항공기 전방에 위치한 Landing Gear를 Nose Gear라 부르며 항공기의 균형 및 방향전환에 사용된다. Fuselage 중앙 하단에는 좌우에 Main Landing Gear가 있으며 균형유지, 충격흡수, 제동작용을 한다.

바) Nose

항공기의 최전방 부분을 Nose라 부르며 이곳에는 항공기 Ladder System이 장착되어 있다.

2) 방향 표현

항공기 내에서 흔히 사용되는 방향을 가리키는 용어는 전방, 후방, 좌측, 우측이다. 항공기 내부에서 조종실을 바라보고 있다고 가정하였을 때 바라보고 있는 방향이 전방이다.

이 상태의 뒤편이 후방이다. 이 상태에서의 왼편이 좌측이며 또한 캡틴 사이드라고 하는데, 이는 지휘 통제권을 갖고 있는 기장은 항상 왼쪽에 앉기 때문이다. 따라서 항공기의 오른쪽은 First Officer's Side라 부른다.

2. 항공기의 내부구성

1) 조종실

항공기는 조종실(Cockpit) 내의 조종사에 의해 조종되며 조종실은 Flight Deck이라고도 한다. 조종실은 객실의 최전방에 위치하고 있으며 B747 항공기는 2층 객실의 최전방에 있다. 조종실에는 조종사를 위한 좌석, 물품보관장소, 비상장비, 통신장비, 조종실 음성녹음장치와 비행정보 기록장치 전송시스템, 자동화시스템 등이 있다. 조종실의 모든 좌석은 좌석벨트와 Shoulder Harness를 갖추고 있다. 조종사 좌석의 후방에 조종사의 휴대 수하물과 유니폼, 모자 등을 보관하는 공간이 있다.

가) 2인 조종실
- 기장 Captain
- 부기장 First Officer

나) 3인 조종실
- 기장 Captain
- 부기장 First Officer

• 항공 기관사 Second Officer

다) 착석위치

• 왼쪽 좌석 : 기장
• 주 : 항공기의 좌측은 캡틴 사이드라고 불린다.
• 오른쪽 좌석 : 부기장
• 세 번째 좌석 : 항공기관사 또는 인가받은 Observer
• 네 번째 좌석 : 인가 받은 Observer

2) 객 실

객실(Cabin)은 조종실 뒤편에 위치하고 있는 항공기 내부공간으로 객실승무원의 주 근무공간이며 통로가 하나인 항공기인 소형기, 통로가 두 개인 항공기를 중, 대형기라고 한다. 객실은 Bulkheads라고 불리는 칸막이로 나뉘어 있으며 일반적으로 중, 대형기가 운용되는 국제선은 일등석, 이등석, 일반석 세 개의 Section으로 구성된다.

가) 승객좌석

승객좌석은 열의 형태로 배치되어 있으며 한열의 좌석은 왼쪽 창측으로부터 오른쪽 창측까지 놓여 있다. 각 열은 좌석들로 구성되어 있고, 좌석 Set은 개인 승객 좌석의 그룹이다. 이러한 승객 좌석의 열은 번호로 지정되어 있고 각 좌석은 영문 알파벳으로 지정되어 있다. 좌석 구성요소로는 Armrest, Footrest, Seat back, Tray table, Seat Pocket, Seat Restraint Bar 등이 있다.

- Armrest : Armrest는 좌석을 뒤로 기울일 수 있는 조종 버튼이 달려있고, 종류에 따라 음악 및 독서 등 조절 tm위치, 승무원 호출 버튼이 달려있다. 기종별로 Armrest가 Tray table이 장치되어 있는 경우도 있으며 모양도 다양하다.
- Footrest : Footrest는 일등석과 비즈니스 좌석에 설치되어 있으며 신형 장거리용 항공기의 일반석에도 장착되어 있다. 일반적으로 Footrest 조정 장치는 Armrest에 설치되어 있다.
- Seat back : 좌석 등받이의 조정 장치는 Armrest에 있으며 모든 좌석의 등받이는 바로 세운 상태로 고정 가능하고 대부분의 좌석은 뒤로 기울일 수 있다. 하지만 비상구 좌석은 비상 시 통로를 막을 수 있기 때문에 뒤로 기울여지지 않는다.
- Tray table : 대부분의 Tray table은 좌석 등받이에 있으며 아래로 내려서 사용하고 사용하지 않을 때는 위로 올려 'Twist' Lock을 이용 고정시킨다.
- Seat Pocket : 좌석 등받이에 부착되어 있으며 Safety Instruction Card, 기내잡지, 기타 인쇄물 등이 들어있고, 앞에 좌석이 없는 경우에는 승객의 좌석 앞 Bulkhead 또는 좌석 옆 Side Wall에 위치하고 있다.
- Seat Restraint Bar : 좌석의 발 부분에 설치되어 있고, 좌석 밑에 있는 휴대 수하물을 고정시키기 위한 장치로서 좌석의 전방과 옆면에 설치되어 있다.

나) Storage Area

- Overhead Bin : 승객의 휴대 수하물을 보관하는 장소로 위쪽에 열리는 타

입과 아래로 여는 것이 있다. 항공기 내의 낙하사고로 부상을 일으키기 쉽기 때문에 Overhead Bin의 닫힘 상태는 항상 철저히 체크해야 한다. Overhead Bin에는 수용할 수 있는 최대 허용무게를 표시하는 Placard가 붙어 있다.

- Coatroom : Coatroom은 객실 여러 곳에 있고 걸어야 하는 옷가지 또는 Overhead Bin이나 좌석 밑에 들어가지 않는 형태의 짐을 보관하는데 사용되며 Placard에 표시된 최대허용무게를 반드시 준수한다.

다) 승무원 좌석

승무원 좌석은 점프시트라고 부른다. 이는 승무원 전용 의자로 접이식으로 된 보조의자인데, 객실출입구(비상구) 가까이에 장착되어 있으며 일반승객은 앉을 수 없다. 점프시트는 반드시 출입문 옆에 장착되어 있다. 비상시에 승무원이 승객의 탈출을 유도해야 하기 때문이다.

Jump Seat은 사용하지 않을 때는 자동으로 접혀지며 사용 시에는 펴서 사용한다. Jump Seat는 좌석벨트와 Shoulder Harness로 구성되어 있다. 승무원 한 사람이 앉도록 된 좌석을 Single Jump Seat이라 하고, 승무원 두 사람이 앉도록 된 좌석을 Double Jump Seat이라 하며 Jump Seat은 전방 또는 후방을 보고 있다. 또한 좌석 주변에는 객실 내의 조명조절 장치와 Communication System, Pre-Recorded Announcement, Boarding Music을 조절하는 Attendant Panel 있으며 인터폰과 각종 비상장비가 있다.

라) 비상장비

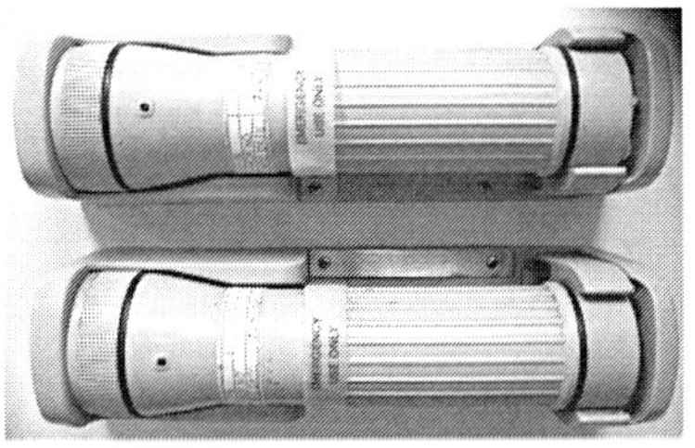

응급 처치, 화재진압과 같은 비상사태를 위한 비상장비가 조종실 및 객실의 곳곳에 위치하고 있으며 작은 비상장비 아이콘 Placard가 각 장비주면에 비상장비 위치파악과 즉각적 대응이 용이하도록 부착되어 있다.

마) Galley

승객에게 제공되는 기내식과 음료 그리고 Dry Item을 보관하고 준비하는 공간이다. 위치는 항공기마다 차이가 있으나 항공기의 전방, 중방, 후방에 있으며 냉장고, 오븐, 커피메이커, water boiler, meal cart, 음료 cart, 서비스용품 보관장소, drain, 쓰레기통 등이 있다. 모든 Galley의 전원은 조종실에서 공급, 차단을 하는 시스템으로 되어 있다.

① 오븐

지상에서 탑재된 가조리된 meat, bread, towel, dish 등을 heating하기 위해 사용된다. 오븐은 high, mid, low로 구성되며 온도는 각 220°C, 180°C, 140°C이다.

② Microwave Oven

일등석과 이등석에 주로 탑재되며 음식을 신속하게 준비하기 위해서 필요하다. 오븐에 비해 heating하는 시간을 감소시킬 수 있는 장점이 있으며 Timer, Door, 온도조절기 같은 장치가 있다. 알루미늄 호일이나 금속용기 또는 금박이나 은박이 입혀진 그릇은 사용 금지이다.

③ Coffee Maker

모든 갤리에 설치되어 있으며 Warming Pad, Securing Bar, Hot Water Faucet로 구성되어 있다. On-Off Switch에 의해 작동되며 작동중일 때에는 Indicator Light가 있어 커피가 Brew 중임을 알 수 있다.

④ Bum Warmer

항공기의 종류에 따라 빵을 따뜻하게 보관하는 Bum Warmer가 장착되어 있으며 Chinaware를 따뜻하게 하여 서비스 할 때 이용하기도 한다.

⑤ 냉장고

몇몇 Galley에는 냉동, 냉장을 선택할 수 있는 냉장고가 설치되어 있다.

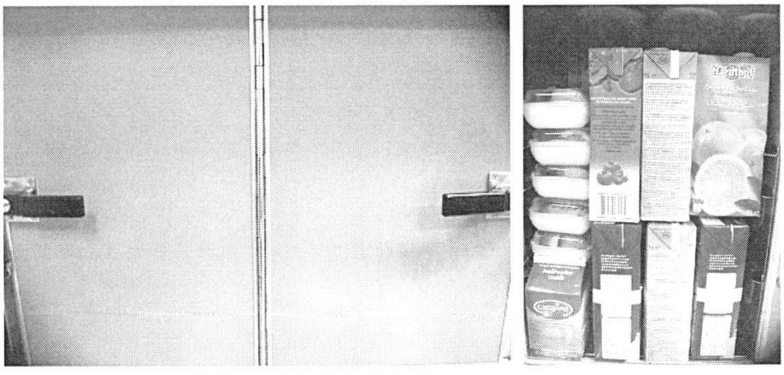

⑥ 보관 장소

모든 Galley에는 음료수나 기용품의 보관을 위한 Compartment와 서랍형태의 Compartment가 설치되어 있다. 대부분 Galley에는 Carrier Box를 넣을 수 있는 공간이 있으며 이는 식사 또는 기용품의 보관과 Dry Item이 탑재된다.

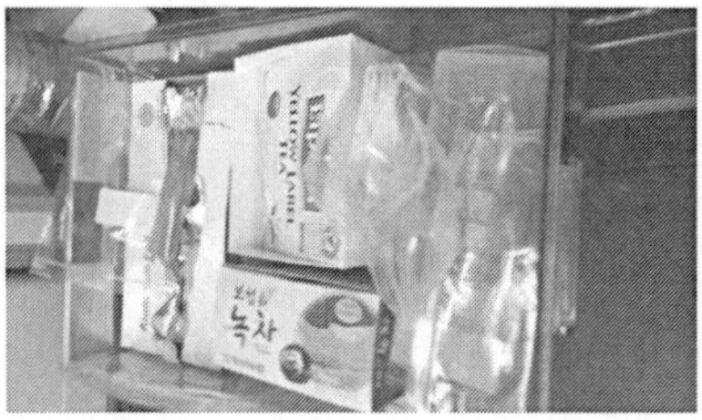

⑦ 쓰레기통

모든 Galley에는 쓰레기통이 설치되어 있으며 Cover에는 스프링장치가 되어 있어 항상 닫혀 있어야 한다.

⑧ Drain / Water Faucet

각각의 Galley에는 Drain과 Water Faucet이 설치되어 있다. 대부분의 항공기의 Drain은 항공기의 외부로 오수가 배출되므로 항공기가 지상에 있을 때는 뜨거운 물 또는 음료를 버리지 말아야 한다. 특히 비행 중에는 커피, 주스류 등을 버려서는 안 되며 우유와 와인 등을 함께 버릴 경우 상호 작용하여 고형화 되는 성실이 있어 Drain이 쉽게 막힌다.

⑨ Latch

Latch는 Stowage Compartment나 Cart를 보관하고 고정하는 장치로서 Compartment, 휴지통뿐만 아니라 Cart를 보관하는 Compartment에도 장착되어 있다.

⑩ Cart

Cart의 용도는 식사와 음료 서비스, 기내 판매 서비스 및 기용품 보관 등이다. 종류로는 Beverage, Meat, serving cart가 있다.

⑪ Galley 조명

각 Galley에는 조명을 조절하기 위한 스위치가 있으며 조명의 위치는 통상 Galley 천정과 Galley 선반에 위치하고 있다.

⑫ Circuit Breaker

Circuit Breaker는 Coffee Maker나 Oven 등의 전기 설비가 있는 모든 주방에 설치되어 있으며 전기 과부화가 발생하면 Circuit Breaker가 튀어나온다. 전기 설비나 Circuit Breaker로의 전원 공급을 차단하기 위해서는 Circuit Breaker를 뽑아야 한다. 전원을 다시 연결 하려면 과열현상이 제거된 후 Circuit Breaker를 누르면 된다. 전원을 다시 연결하기 전에 기장에게 연락해야 하며 재 연결된 Circuit Breaker는 인지할 수 있도록 표시를 하여야 하며 전원 재연결은 1회에 한하여 가능하다.

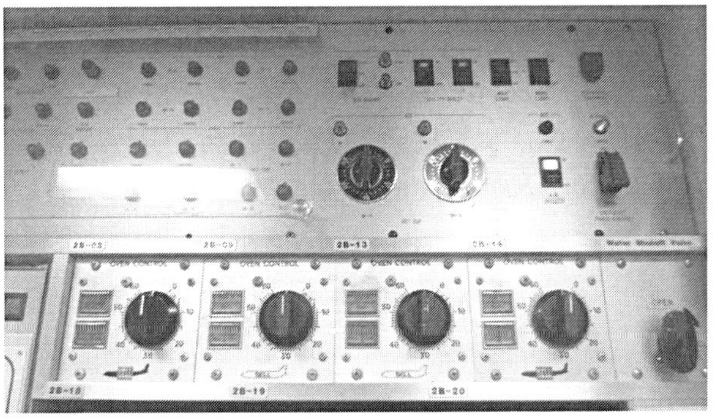

⑬ Galley Master Power Shut Off Switch

어떤 항공기의 Galley에는 선원공급 차단을 위한 Master Power Shut Off Switch가 설치되어 있는데 이 Switch의 위치는 오븐상단, Circuit Breaker 하단에 있다. Galley의 전원을 차단하기 위해서는 빨간색 Guard를 들어 올린 후, Toggle Switch를 위로 올리면 된다.

⑭ Galley Water Shut Off Valve

Galley에 있는 Water Shut Off Valve는 화장실에 있는 Shut Off Valve와 유사하며 주방으로의 물 공급을 차단한다. Water Shut Off Valve는 물 공급 Line의 근처에 위치하며 Water Shut Off Valve의 위치를 나타내는 Placard가 붙어 있다. Water Shut Off Valve는 Handle을 Closed(Off)에 놓으면 물의 공급이 차단된다.

바) 화장실

항공기 내 화장실은 대부분의 항공사마다 비슷한 구조로 되어있으며 화장실 Door의 'Occupied' 지시판에 납작한 물체를 넣어 잠금장치를 'Vacant' 쪽으로 위치시키고 Door를 안쪽으로 밀어 연다.

화장실은 여성전용 화장실과 일반 화장실이 있으며 Baby Diaper를 설치하여 유아화장실과 장애인의 출입을 용이하도록 화장실 문의 크기 확대 및 보조 핸들의 장착 등 내부시설을 차별화 하고 있다.

항공기 화장실은 Water Flushing Type과 Air Vacuum Suction Type이 있다. 또한 기내 화재 방지를 위해 감지용 Smoke Detector가 설치되어 있다. 여기를 감지하면 경고음이 울리고 Smoke Detector 내 Alarm Indicator Light가 점등되며 연기가 소멸될 때까지 지속적으로 점등된다.

사) Bunk

장거리 비행(비행시간 10시간 이상)시 승무원이 교대로 쉴 수 있는 공간으로 기종별로 위치가 다르지만, B747-400의 경우 객실 최후방 2층에 위치하며

B777, A330의 경우는 항공기 중간 하단에 위치하고 있다. 보통 6~8개의 침대가 있으며 Bunk 안에도 비상장비가 구비되어 있어 안전점검 시 비상, 보안장비 체크를 해야만 한다.

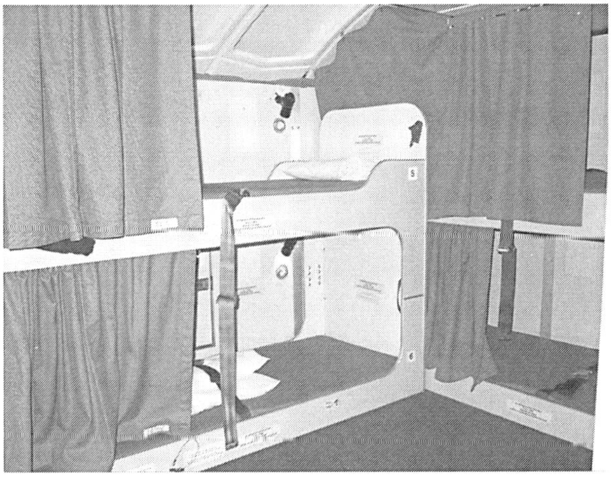

[B747-400 항공기의 Bunk]

3) Cargo

화물칸은 객실 아래 위치하고 있으며 어떤 기종은 객실 뒤편에 위치하는 경우도 있다. 화물칸의 외부 화물 도어가 설치되어 있으며 여압 장치가 작동하며 일부는 온도 조절이 가능하다.

화물칸은 승객 수하물과 다양한 모양과 크기의 화물 및 생·동물이 탑재되며 생·동물은 항상 온도 조절이 가능한 화물칸에 탑재된다.

대형항공기의 경우는 화물을 UDL(Unit Loading Device)용 Container에 넣어 UDL를 이용하여 화물칸에 탑재한다.

제4장

항공 기내서비스

제1절 항공 기내서비스의 개념과 특징

제2절 기내서비스의 유형

제3절 기내 안전 및 보안서비스

제4절 기내서비스의 업무 절차

제1절 항공 기내서비스의 개념과 특징

1. 항공객실서비스의 개념

항공객실서비스란, 기내에서 승객들에게 제공되는 제반 물적 · 인적 서비스의 설계에서부터 생산에 이르기까지의 모든 업무를 총칭한다. 객실업무 중 물적 서비스 업무란 승객이 객실 내에서 필요로 하는 각종 시설물과 서비스 물품을 기내 장착 또는 탑재하여, 승객에게 편의를 제공하는 업무를 말한다. 한편, 기내에서의 인적 업무란 승무원들에 의해 수행되어지는 업무를 일컫는다. 따라서 넓은 의미의 객실업무는 승객들이 탑승하기 이전부터 기내 시설물이나 기내 용품의 설치 및 탑재와 관련된 여러 준비과정 업무를 포함하게 되지만, 좁은 의미의 객실업무는 승객들이 항공기에 탑승하는 시점부터 시작하여, 안전하게 도착하는 시점까지 객실승무원에 의해 이루어지는 제반 업무로 한정지을 수 있다.

오늘날 항공기 이용 승객계층이 다양해지고, 생활수준이 향상됨에 따라, 승객의 욕구가 다양하게 증대되고 있어, 기내서비스도 향상 · 발전되도록 자극받고 있는 추세이다. 뿐만 아니라, 기내에서 승무원들의 숙련된 서비스도 승객의 항공여행을 더욱더 쾌적하고 즐겁게 해주는 필수 요소이므로 교육과 훈련이 잘되어 있는 승무원들의 세련된 서비스 제공도 대단히 중요하다고 할 수 있다.

2. 항공객실서비스 매너

1) 서비스 기본매너

세계화 · 국제화에 따른 개방화시대의 개막으로 인하여 2000년대는 항공사로서 성공을 달성하고, 생존 · 유지하기 위해서는 서비스 중심의 시장지향적인 접근방법이 더욱 강조되고 있다. 또한 항공승객 항공사의 품질 높은 서비스를 기대하고 있고, 항공사가 경쟁상의 확고한 위를 획득하기 위해서도 반드시 고객의 만족이 필요하다.

특히, 항공서비스에 의해 항공사의 수익과 성장 을 높일 가능성은 과거에 비해 더욱 확대되고 있다. 이러한 항공시장의 요구 파악한 싱가포르항공은 항공서비스 부문의 강화를 통해 세계적인 항공사 성장하였다. 따라서 미래 항공사의 승패는 기내 객실승무원의 서비스에 달려 있다고 해도 과언이 아니며, 객실승무원은 항공사 서비스의 표상이라 할 수 있다. 이러한 객실승무원이 기본적으로 갖추어야 할 기내서비스 매너는 음과 같다.

가) 표 정

표정은 객실승무원 뿐만 아니라, 관광산업에서 고객과 접하는 종사원 즉 서비스맨들이 갖추어야 하는 가장 중요한 기본예절 이다. 그러므로 항상 밝고, 세련된 이미지 표출은 필수적이다.

나) 용모와 복장

용모와 복장은 승무원 자신뿐만 아니라, 항공사 이미지를 결정하는 중요한 요소이므로 깨끗하고, 세련된 분위기를 연출하 도록 한다.

다) 자 세

객실승무원은 승객정면의 위치에서 등을 곱게 펴 승객의 눈높이에 맞추어 허리를 굽혀 응대하고, 승객의 좌석에 손을 올려놓 나 기대지 않는다. 또한, 복도(aisle)를 걸을 때에는 구두 뒤축으로 인한 진동 없도록 주의해야 한다.

라) 시 선

승객과 마주칠 때에는 항상 인사를 습관화하고, 승객을 응대할 때에는 승객안면의 양미간 사이와 남자 승객일 경우에는 가끔씩 넥타이의 매듭과 미간 사이를 번갈아 본다.

마) 언 어

객실승무원은 밝은 음성, 적절한 톤과 속도, 정확한 발음을 해야 하며, 서비스 전문용어는 지양하고, 표준어, 경어, 긍정형 대화가 되도록 해야 한다. 또한 외국어의 경우, 완전한 문장을 사용한다.

2) 승객에 대한 호칭 서비스

호칭은 별도의 투자비용 없이도 상대방의 기분을 좋게 한다. 또한 자신을 상대방에게 호감을 줄 수 있는 인적서비스의 가장 중요한 요소 중의 하나이다. 그러므로 객실승무원은 반드시 승객의 직함을 잘 호칭함으로써 항공사 서비스에 대한 승객의 만족도를 제고시켜야 한다.

가) 직위가 파악된 승객의 호칭

- 최초로 호칭할 때 : 성+직위+님
  예) 김 사장님으로 호칭한다.
- 서비스 중일 때 : 직위+님
  예) 사장님(성을 생략하고)

나) 직함이 불분명한 승객의 호칭

- 20세 이상의 승객 : 선생님
- 20세 이하의 승객 : 손님

특히 서비스 도중 승객을 호칭할 때 실례합니다. 손님 등으로 호칭하지 않으며, 서비스할 때마다 남발하지 않도록 한다.

다) 주요 승객의 호칭

주요 승객은 국가수반, 정부 고위공직자, 외교사절, 학계인사, 전문직업인, 종교인 등으로 분류할 수 있다.

승객분류	호 칭 법	
국가수반	공화국 대통령 : President of Republic	각하 : Mr. President, Your Excellency
	부통령 : Vice president	Mr.Vice president
	수상 : Premier	Your Excellency
	국무총리 : Prime Minister	(국무)총리님 : Mr.Prime Minister
정부고위 공직자	각료 장관 : Secretary, Minister	장관님 : Mr.Secretary(미), Mr.Minister(영)
	시장 : Mayor	시장님 : Mr. Mayor, Mayor*
	도(주)지사 : Governor	도지사님 : Governor*
	국회의원 : senator	의원님 : (*)senator
	국회의장 : Speaker	(국회)의장님 : Mr. Speaker, Mr.*
	군장성 : Admiral	장군님 : Admiral

3) 항공승무원의 승객대응

비행기에서 승객의 개념은 시대에 따라 변화를 가져왔다. 항공기의 공급이 거의 독점적이었던 시대에는 서비스의 품질에 큰 비중을 두지 않았다. 그러나 항공사가 증가하면서 여러 항공사 가운데에서 선택할 수 있는 기회가 많아졌고, 승객에게 양질의 서비스를 제공하는 곳만이 선택을 받을 수 있게 되었다. 승객은 항공사측에서 서비스할 수 있도록 기회를 주는 혜택의 제공자이자, 항공 산업의 가장 중요한 결정권자가 되었다. 따라서 항공사 승무원의 세심한 응대가 더욱 절실하게 요구되고 있는 것이다.

가) 객실승무원의 인사

탑승하기 시작할 때, 승무원의 에티켓은 가장 밝은 웃음 띤 얼굴로 인사하는 것이다. 가능한 승객을 마주 대할 수 있는 자세로 선다. 승무원은 승객에게 정중히 인사하는 것이 불가능할 때에는 2~3명에 걸쳐, 1회씩 인사를 하는 것이 좋다. 또한 승객이 대답이 없더라고 쑥스러워하거나, 승객의 눈치를 보면서 인사를 등한시해서는 안 된다. 이것이 승객에게 바로 전달되어 불쾌감을 줄 수 있으므로 개개인에게 개별적으로 인사한다는 마음가짐을 가져야 한다.

특히, 서양인 승객의 경우는 격식을 중요치 않게 여기고, 격의 없는 친절한 인사로 응대해오는 경우가 많다. "Hi", "How are you?" 등 친근한 인사말과 손을 흔드는 등의 동작으로 행동하는 예가 있다. 하지만 이런 경우에도 객실승무원은 공손한 자세로 인사를 나누는 것이 바람직하다.

나) 항공승무원의 미소에 대한 효과

- 미소는 승객에게 편안한 기분이 들도록 해준다.
- 미소는 자기 자신에 대한 호감을 갖도록 하는 효과를 가져 온다.
- 미소는 승무원의 인상을 좋게 하고, 승객과의 인간관계를 좋게 한다.
- 미소는 객실분위기와 승무원 자신의 마음도 즐겁게 만든다.
- 사람은 낯선 환경에 접했을 때, 혹은 모르는 사람들과 만났을 때 불안감을 느끼게 된다.

대부분의 승객은 자신이 있던 곳을 떠나, 비행기를 타기 위해 여러 가지 절차를 거치고, 비행기라는 익숙하지 않은 교통수단에서 낯선 사람들과 함께 앉아 생소한 곳으로 여행을 떠난다는 생각에 긴장감이 가중되어 있는 상태이다. 이러한 상황에서는 다른 사람의 표정에 신경이 쓰인다. 특히 승객의 입장에서는 승무원의 미소는 가장 중요한 기본이라고 말해도 과언이 아니다.

제2절 기내서비스의 유형

항공객실서비스는 고객과 만나는 시간이 가장 길고, 항공운송서비스를 마무리하는 단계라는 점에서 항공서비스의 꽃이라고 할 수 있으며, 비행 중 기내에서 행해지는 유형과 무형의 서비스를 총칭한다. 한편, 객실서비스의 구성은 크게 물적 서비스와 인적 서비스로 이루어진다.

객실업무 중 물적 서비스 업무란 승객이 객실 내에서 필요로 하는 각종 시설물과 서비스 물품을 기내에 장착 또는 탑재하여, 승객에게 편의를 제공하는 업무를 말한다. 한편 기내에서의 인적 서비스 입무란 장착된 설비와 탑재된 물품을 사용하여 승객들이 보다 안전하고, 편안하게 여행할 수 있도록 객실승무원들에 의해 수행되는 업무를 말한다.

과거의 객실서비스는 유형, 즉 물질적인 서비스에 치중하였지만, 근래에 들어 인간적인 서비스를 요구하는 다양한 고객의 욕구에 맞추어, 인적 부분의 서비스가 점차 강조되는 추세이다. 따라서 항공사는 어느 한 분야에만 집중적으로 치중하기 보다는 지속적으로 향상되고, 균형 있는 서비스로 승객의 편의를 도모하고, 신뢰감을 조성하여, 경쟁력을 확보해 나가야 할 것이다.

1. 물적 서비스

1) 식음료서비스

객실식음료는 비행 중 승객에게 제공되는 음식과 음료로서 승객이 항공사의 서비스에 대해 가지게 되는 이미지와 깊은 연관이 있으며, 수준 높고, 세련된 기내 식음료서비스는 승객에 의해 평가되는 항공사의 전체적인 서비스의 품질을 좌우하는 중요한 역할을 하고 과거에는 좌석등급과 노선의 길이에 따라, 규격화되고, 일관된 메뉴로 제공되던 기내 식음료는 최근 가장 치열하게 고급화·차별화 경쟁을 벌이고 있는 서비스 부분이다.

2) SPCL(Special Meal) 서비스

특별 기내식이라고 할 수 있는 special meal은 종교적, 건강상 또는 개인의 기호에 따라 특별히 신청하는 음식으로 전 세계 항공사가 국제단체나 협회를 통하여 일정한 guideline을 서비스하고 있는데 다양한 민족만큼이나 그 종류가 다양하다.

종교식에는 유대교인을 위한 특별식으로 돼지고지, 조개류, 갑각류 등을 사용하지 않는 코셔밀(kosher meal), 통발굽을 가진 네발짐승과(예 : 돼지고기) 어패류, 알코올을 먹지 않는 이슬람교도를 위한 모슬렘밀(moslem meal), 쇠고기, 돼지고기를 먹지 않는 힌두교도들을 위한 힌두밀(hindu meal) 등이 있다. 이중 코셔밀은 다른 사람이 한번 사용한 식기는 사용하지 않아야 하기 때문에 음식용기가 봉해져 있고, 식사 제공시 코셔밀을 신청한 승객 바로 앞에서 개봉되어진다.

건강식에는 당뇨병 환자를 위한 음식으로 '당'이 포함된 설탕, 꿀 등의 사용이 금지된 당뇨식(diabetic meal), 심장병, 비만증 환자를 위해 지방이 포함된 버터, 기름을 제거하지 않은 육류의 사용이 금지된 저콜레스테롤식(low cholesterol meal), 신장, 간장 질환 환자를 위해 짠음식, 고기국물, 견과류의 사용이 금지된 저단백식(low protein meal), 심장병, 고혈압 환자를 위해 소금 및 소금이 포함된 제품이 사용 금지된 저염식(low sodium), 비만증 또는 다이어트를 원하는 승객을 위해 열량이 높은 식사의 제공이 금지된 저열량식(low calorie) 등이 있다.

그리고 개인 기호식으로 육류제품을 사용하지 못하나 유제품 및 계란은 사용가능한 서양채식(western vegetarian meal), 육류제품, 유제품, 계란을 사용 못하는 완전 채식(strict vegetarian meal), 일부 유제품 사용은 가능하나 계란은 사용하지 못하며, 음식 조리 시에는 인도식으로 조리되는 동양채식(asian vegetarian meal) 등이 있다. 그 외에 유아식(baby meal)과 아동식(child meal)등이 있는데, 생후 9개월부터 2살 미만의 유아를 위한 유아식(baby meal)은 주스류나 우유 등이 제공되는데 일반적인 제품이 제공되므로 비행 전에 미리 준비하는 것이 좋고, 3세 이상 12세 미만의 어린이에게 제공되는 아동식의 경우 피자, 햄버거, 닭다리 요리, 자장면, 치킨 너겟, 오므라이스, 스크램블 에그, 김밥 등이 제공되는데 더 자세한 사항은 예약 시 미리 직원에게 문의, 요청하여야 한다.

3) 엔터테인먼트 서비스

항공사에 따라 중장거리에서 무료, 또는 유료로 제공되는 이어폰을 사용하여, 좌석 양쪽에 부착된 채널 선택기를 이용함으로서 각종 음악을 선택 · 감상할 수 있고, 장거리 노선의 경우에는 최신의 영화 및 뉴스 프로그램을 상영하는 서비스가 제공된다.

기내 음악은 고전 · 모던재즈와 주요 국가의 대중음악 및 자국의 대중가요 등 10개의 채널에서 제공되고 있으며, 영화는 최신 프로그램은 노선과 비행

소요시간에 따라 차등, 상영하고, 그 외에 뉴스와 스포츠 및 다큐멘터리 등도 영어 · 자국어 및 취항국의 언어로 제공된다. 또한 바둑, 체스 등의 다양한 게임을 즐길 수 있는 시스템도 제공하고 있다.

4) 통신서비스

대부분의 선진 항공사들은 일부 기종의 최신 설비인 위성전화를 장착하여, 통신위성을 이용해 비행 중, 언제나 전 세계 어느 곳과의 전화통화가 가능한 기내 전화 서비스를 제공하고 있다. 또한, 일부 항공사에서는 전화이외에 팩스나 인터넷 등도 운영하고 있다.

5) 에어쇼 서비스

승객의 편안하고, 즐거운 여행을 위하여 비행 중, 항공기의 항로 · 고도 · 외부온도 · 잔여시간 등 다양한 종류의 비행관련 정보를 컴퓨터 그래픽 화면으로 처리하여, 기내 스크린을 통해 안내하고 있다. 또한 비행 중, 안내방송을 통해 운항에 관한 정보를 다양한 언어로 적절히 제공하고 있다.

6) 잡지 서비스

장거리 항공 여행 중, 대부분의 승객이 느끼게 되는 제한된 공간의 답답함과 활동의 욕구를 해소하기 위한 흥미거리를 제공하기 위하여 항공사별 자체 기내 잡지를 비롯하여, 국내외 시사지 · 잡지, 베스트셀러를 위주로 소설 · 비소설, 만화책, 동화책 등을 제공하고 있다. 이외에도 외국인 승객을 위한 영어 · 일본어 도서 등도 구비하고 있다.

7) 어린이·유아를 위한 서비스

탑승한 어린이를 위한 장난감 등이 선물로 제공되며, 유아를 위한 이유식과 젖병·기저귀 등이 준비되어 있다. 또한, 객실 내에 착탈식 유아용 요람을 구비하고 있으며, 화장실내에는 기저귀를 바꾸기 편리하도록 보조판을 장착·운영하고 있다.

8) 장애인서비스

장애인 승객의 편의를 위해 일부 기종의 모든 통로 측 좌석을 우선 배정하며, 일부 기종에서는 팔걸이가 뒤로 젖혀지도록 하여, 이동이 쉬운 장애인 좌석을 운영하거나, 장애인용 화장실을 제공하고 있다.

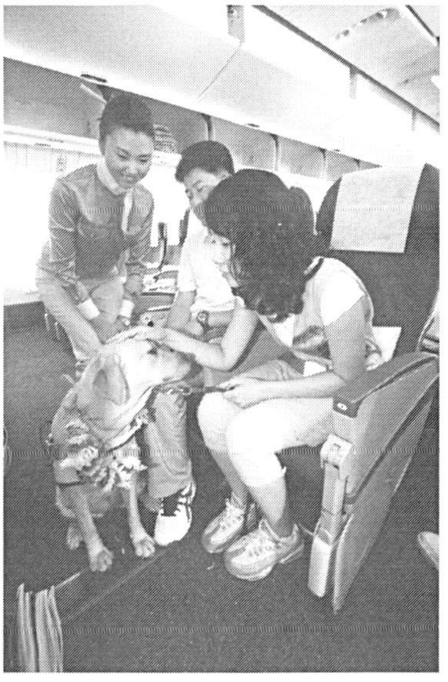

9) 면세품 판매 서비스

국제선 항공편에서 승객의 편의를 위해 술·담배·향수·화장품 등 세계 유명상품을 면세가격으로 구입할 수 있도록 면세품 판매를 실시하며, 항공사에 따라 사전주문 예약서비스도 제공하고 있다. 이는 승객들에게 편의를 제공함과 동시에, 항공사의 수익을 올리는데 일익을 하고 있다.

10) 기타 서비스

이외에도 승객이 사용한 기내에서 제공되는 엽서 · 편지 등의 우편물 발송 서비스도 가능하며, 고객제안서 용지가 항상 객실 내에 비치되어 항공여행의 불편사랑이나 서비스의 향상을 위한 승객의 의견을 접수하여, 서비스에 반영하고 있다. 또한, 최근 기내 좌석공간이 협소함으로써 발생한 이코노미 증후군현상에 대한 음료 및 체조 서비스 등을 제공하기도 한다.

2. 인적 서비스

서비스의 품질은 종사원이 어떠한 태도와 방법으로 서비스를 제공하는가에 따라 최종적인 고객만족에 밀접한 영향을 미치게 된다고 할 수 있다.

객실서비스는 지상에서의 서비스와는 달리 제한된 공간에서 서비스에 필요한 많은 용품을 선정해서 탑재해야 할 뿐만 아니라, 비행시간을 고려하고, 언어와 인종 그리고 종교가 서로 다른 승객들을 대상으로 하므로 고객의 사회·문화적 환경과 개개인의 기호를 고려한 다양한 서비스를 제공해야 한다는데 어려움이 존재하므로 서비스를 제공할 때 이러한 난점을 극복해야한다.

객실서비스에서의 인적서비스는 객실승무원이 담당하게 되는데, 승객이 안전하고, 쾌적하게 목적지까지 무사히 도착할 수 있도록 이를 실행하는 중요한 역할을 맡고 있다. 또한 승객들에게 가장 가까운 거리에서 직접 서비스를 제공하기 때문에 그들은 곧 항공사의 이미지로 연결된다.

그러나 승무원이 물적 요소와 함께 정해진 절차에 의하여 제공하는 서비스는 항공사간에 근소한 차이가 있을 뿐, 거의 유사하기 때문에 인적 요소의 새로운 서비스와 절차 및 태도에 의한 차별화로 항공사의 고객만족도는 결정된다고 할 수 있다. 왜냐하면, 승객의 기대에 부응 하는 마음자세와 언행으로 독특한 인상과 느낌 및 감동을 주는 것은 인적 서비스가 만들어낼 수 있는 무한한 가능성이기 때문이다.

한편, 태도란 사람 또는 사물에 대해 일관성 있게 지각하고, 행동하려는 학습된 심리적 경향을 말하며, 고객의 불만족을 유발시키는 서비스의 원인 대부분은 고객을 배려하지 않는 태도나 고객에 대한 무례한 태도에서 비롯된다고 할 수 있다. 그러므로 승무원은 업무수행과 관련된 전문지식 및 서비스 기술과 함께 효과적인 승객응대를 위해 올바른 인사법과 밝은 미소, 바른 자세, 대화법, 승객에 대한 호칭, 불만승객 대응법에 이르기까지 반복되는 훈련을 통해 최상의 서비스가 제공될 수 있도록 노력해야 한다. 이는 교육을 통해서 보다는 승무원 개개인의 뚜렷한 직업의식을 갖고 꾸준한 노력과 승객에 대한 세심한 관심을 기울이는데서 보다 효과적인 결과를 얻을 수 있을 것이다.

그러므로 유연하게 의사소통을 할 수 있는 외국어능력, 장시간 비행동안 고객과의 대화에서도 결코 잃지 않는 미소, 여행지와 항공운항에 관한 풍부한 지식과 정보의 소유, 상대방을 배려하는 친절 등을 가질 수 있어야 할 것이다.

제3절 기내 안전 및 보안서비스

1. 비상장비 및 탈출 장비

항공기에는 만일 사고가 발생했을 경우에 대비하여 승객이 무사히 탈출하여 구출을 돕기 위한 장비를 비치하도록 항공법에 명시되어 있다. 안전한 탈출을 위해 탈출을 돕는 슬라이드, 밧줄, 도끼, 휴대용확성기, 불시착했을 때를 위한 구명보트, 구명조끼, 조난된 위치를 알리는 전파 발신장치, 발화 신호장치, 부상한 승객을 치료할 수 있는 구급 간호 약품 세트 등이 기내에 탑재되어 있다. 구형 항공기의 경우는 구명보트가 기내의 일정장소(주로 객실 천정이나 승객용 의자 위에 있는 수하물 보관장소에 비치되어 있었는데 비상시에 승무원이 이것을 꺼내어 바다에 던져서 사용했으나 최근 대부분의 항공기는 출입문에 부착된 비상탈출 미끄럼대(Escape Slide)가 구명보트(Life Raft) 역할을 겸하게 되어 있다. 그래서 명칭도 이 두 가지의 핵심 단어만 조합한 "슬라이드 · 래프트(SLIDE RAFT)"라고 부른다.

구명보트에는 생존용품(Survival Kit) 이 비치되어 있는데, 항공기에 장비하여야 할 구명조끼, 비상신호, 기타 구급용구에 대해 항공법 제41조 제②항 및 동 시행규칙 제125조(구급용구)에서 자세히 기술하고 있는데 그 내용을 살펴보면 구명보트 수리 장비(Repair Kit), 거울, 구급약품, 구조대가 조난위치를 쉽게 알아볼 수 있도록 바닷물 염색약(Sea Dye Marker)도 있고 칼, 바닷물을 식수로 정제하는 정수기(Desalting Kit) 및 정수용 알약, 물통, 호각, 연기 · 불빛신호탄, 성경책, 생존법(Survival Book), 나침반, 성냥, 손전등, 낚시도구 등 그밖에 비타민 정제, 츄잉껌, 사탕 등 비상식량도 포함되어 있다.

1) **긴급탈출 장치**(emergency evacuation system)

항공기 사고가 났을 때 승객 및 승무원을 안전하게 항공기 밖으로 탈출시키기 위한 장치로 대형여객기에는 탑승구 자체가 그대로 비상탈출구로 되어 이곳에 긴급탈출용 미끄럼대(emergency escape slide, evacuation chute), 탈출용 밧줄(evacuation assist rope)이 장착되어 있다. 이들 미끄림대는 90초 이내에 승객, 승무원 전원이 탈출할 수 있도록 설계되어 있기 때문에 비상구(통상은 탑승구) 문을 여는 것과 동시에 고압가스, 질소가스 또는 탄산가스에 의해 약 10초만에 자동으로 팽창하여 펼쳐져서 미끄럼대 형태로 된다.

2) 구명 장비품(life saving equipment)

구명조끼(life vest)는 항공기가 바다나 호수에 빠졌을 경우 한 사람씩 몸에 걸치게 되는데 항공기 밖으로 빠져나오고 나서 끈을 잡아당기면 작은 탄산가스・통의 가스가 채워지도록 되어 있으나 만일 작동하지 않을 경우는 입으로 불어서 부풀린다. 또 야간일 경우에 대비하여 어깨 부분에 해수(海水) 전지로 점등하는 표지등이 붙어 있다.

구명보트(life raft)는 항공기가 바다나 호수에 빠졌을 경우 압축가스로 팽창시켜서 탑승자를 수용하고 표류하게 되는데 이때를 대비해 구명보트에는 비상용 식량, 민물제조기, 약품, 통신장비 등이 내장되어 있는데 비나 직사광선을 피하기 위해 뚜껑도 장착되어 있다. 구명보트로는 42인승, 25인승, 10인승 등이 있다. 747, DC-10, 767이후 최근 도입되고 있는 기종에서는 탈출용 미끄럼대가 탈출 후 바로 구명보트로 사용할 수 있는 형식(slide / raft)으로 바뀌고 있다. 이것은 기체의 경량화에도 도움이 된다.

3) 긴급신호 장치(emergency signal equipment)

표류 중에 소재지를 알리는 방법으로 백색 적광탄, 적색 연기탄, 파워・메가폰, 긴급무선표지(emergency locator transmitter)가 붙어 있다. 긴급무선 표지는 통상 비닐커버로 쌓여 있지만 커버를 떼고 물에 담그면 자동으로 안테나가 늘어나게 되어 전파법에 지정된 2종류의 조난 주파수(121.5MHz와 243

MHz)의 전파를 발신하게 된다.

4) 구명 킷(first aid kit)

불시착시에 사용하는 약품이나 응급조치용 도구가 소형 금속제 트렁크에 수납되어 있다. 내용물에 대해서는 항공법규로 세세하게 규정하고 있어 탑재 개수도 승객 수에 따라 정해져 있다.

5) 비상등(emergency light)

야간에 불시착했을 때 항공기 외부를 비추는 비상용 조명으로 독립된 비상용 전원(emergency battery)에 의해 작동하도록 되어 있다. 책을 읽을 수 있을 정도로 밝으며 적어도 10분 이상 점등된다.

6) 비상탈출 통로 표지(emergency escape path marking)

항공기 안이 연기로 덮였을 경우라도 승객이 쉽게 통로를 확인할 수 있도록 통로 바닥면이나 좌석의 측면(777), 기내의 계단(747) 측면에 20~40인치 간격으로 비상용 조명등이 설치되어 있다. 항공기의 종류나 운항하는 노선에 따라 다소 차이는 있지만 장거리 해상비행을 하는 항공기에는 반드시 구명보트를 탑재하지만 국내선 등 단거리 육상비행을 하는 항공기에는 탑재하지 않는다.

2. 기내 응급처치 장비

기내에서 갑작스러운 환자 발생에 대비하기 위해 항공기에는 의료장비가 탑재된다.

1) PO2(Portable Oxygen Bottle)

비상사태 및 응급 처치를 목적으로 승객에게 산소를 공급하기 위해 탑재한다. 기내 감압상태에서도 승무원은 휴대용 산소통을 휴대하고 산소 공급이 필요한 승객들에게 산소를 공급하여 준다. 기름과 같은 물질이 접촉하지 않도록 하고 비상시를 대비하여 완전히 소진하지 않고 PSI (Pound Per Inch) 정도는 남겨둔다.

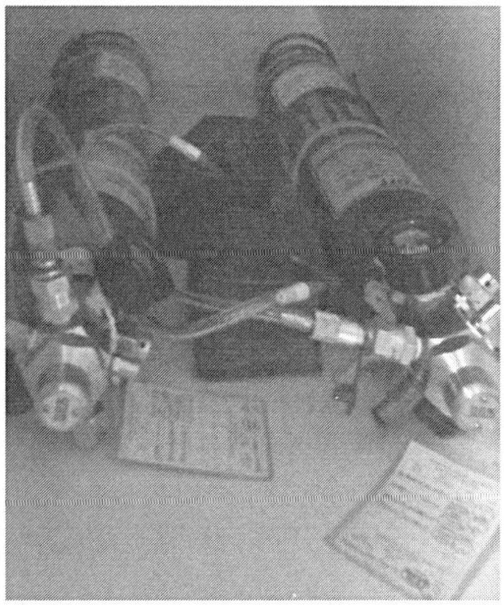

2) FAK(First Aid Kit)

FAK는 비행 중 응급 상황에 처한 승객의 사고 및 질병을 응급처치하기 위하여 기내에 탑재하는 Kit으로 항공법에 의하여 반드시 기내에 탑재되도록 규정되어 있다. FAK는 의사의 처방 없이 사용이 가능하다. 또한 FAK의 Seal이 뜯어졌을 경우 하나의 Kit으로 간주하지 않는다.

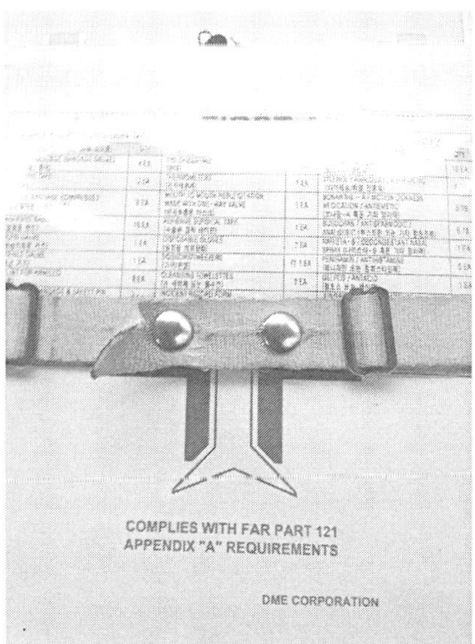

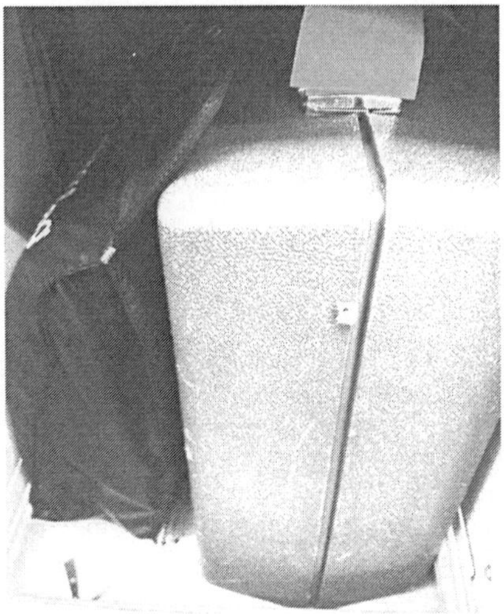

3) EMK(Emergency medical kit)

EMK는 비행 중 응급환자 발생 시 전문적인 치료를 하기 위한 의약품 및 의료 기구를 보관해 놓은 Kit이다. 기내에 의사나 기장이 판단했을 때 의료인이 탑승했을 경우 Kit 내의 의약품과 의료 기구를 사용할 수 있다. EMK를 사용했을 경우에는 모기지에서 새로운 EMK로 교체 탑재하여야 한다.

4) Medical Bag

비행 중 사용 빈도가 높은 의약품으로서 필요 시 승객에게 신속하게 제공하기 위하여 지정된 객실승무원이 항상 휴대하고 다닌다. Bag 안에는 두통약, 멀미약, 소화제, 좌약, 화상 연고, 면봉, 얼음주머니 등이 구비되어 있다.

5) UPK(Universal Precaution Kit)

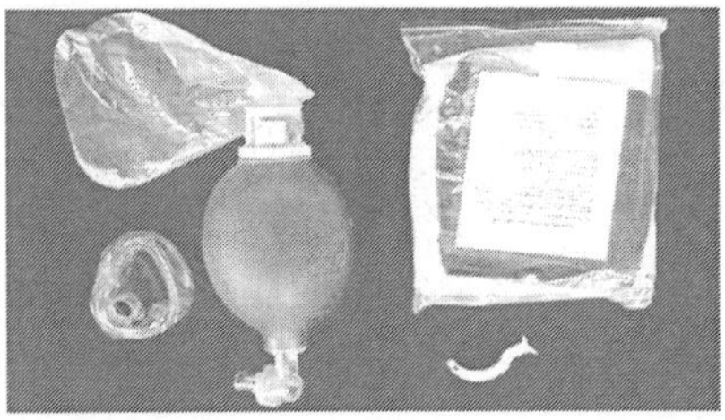

환자의 체액(혈액 포함)을 직접 접촉함으로써 발생할 수 있는 오염 가능성을 줄이고 오염된 곳을 위생적으로 닦기 위하여 사용한다. 환자의 체액에 의해 오염된 의료용품을 안전하

게 폐기하기 위해서 탑재되는 장비이다. Resuscitator Bag 안에 탑재되어 있으며 내용물은 외과 처치용 장갑, 일회용 냅킨, 알코올 스펀지, 안면 마스크, 보호 가운, 오염물 처리용 Bag이 들어있다.

6) Resuscitator Bag

Resuscitator Bag은 CPR 및 인공호흡 실시 시 사용되는 보조기구로서 환자의 호흡을 유도하고 산소를 추가적으로 공급하기 위해 사용한다. 청진기, 탈지면, 혈압계, 압박붕대, 체온계 등이 있다.

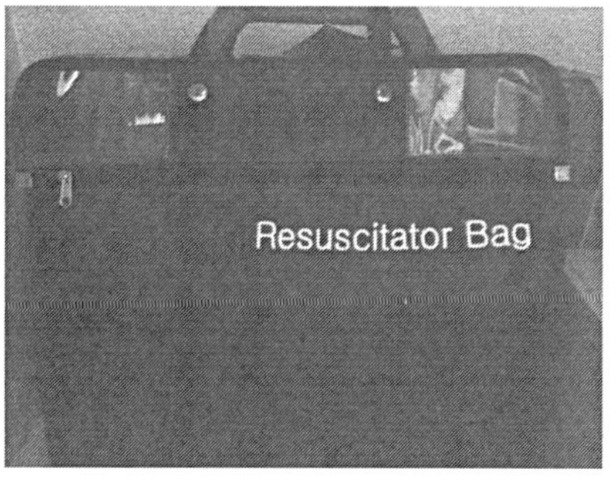

7) AED(Automated External Defibrillator)

심실 세동 환자 발생 시 심장 박동을 복구하는데 사용된다. 의사, 1급 응급구조사가 사용할 수 있으며 AED 교육을 이수한 객실승무원은 의사의 관찰하에 사용할 수 있다.

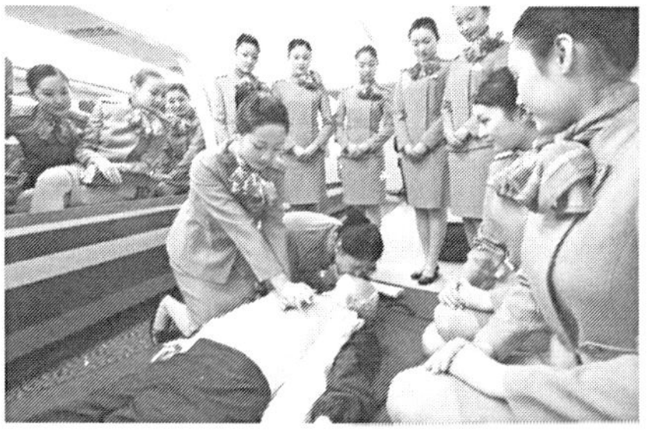

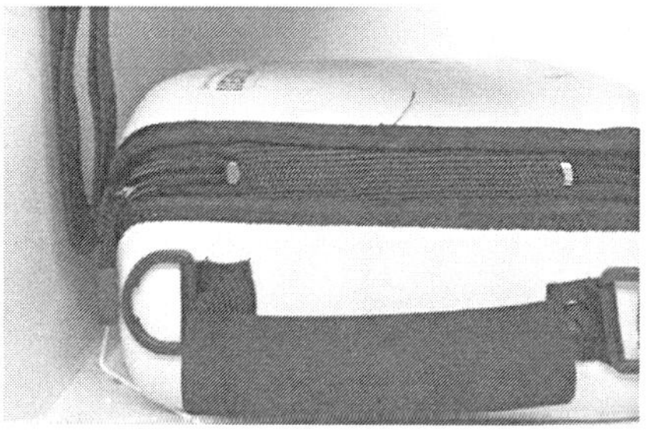

3. 기내 화재 장비

비행 중 화재 발생이나 비상사태 시 화재를 대비하여 화재 상황에 맞는 소화기가 항공기 내에 장착되어 있다.

1) 소화기

비행 중 화재 발생에 대비하여 화재 타입에 맞는 소화기를 사용해야 하며 기내에는 3가지 종류의 소화기가 탑재된다.

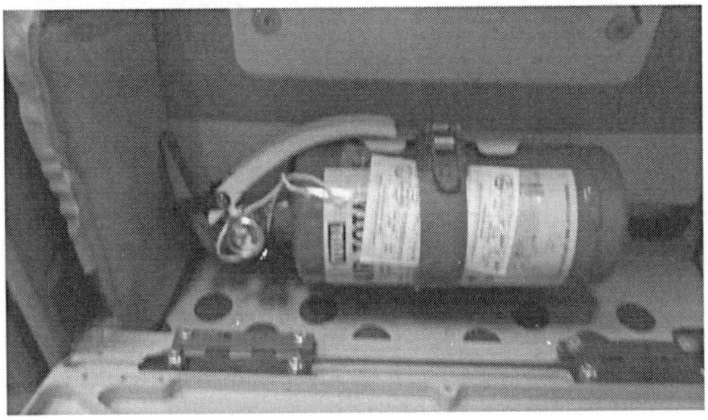

- H_2O 소화기 : 객실 내에는 의류, 종이 등의 1차 화재에 맞는 타입의 물 소화기
- Hallon 소화기 : 기름, 전기, 전자 장비의 화재에 사용하는 소화기
- 열 감지형 소화기 : 화장실 휴지통 내부에 화재 시 자동 진화할 수 있는 소화기

↘ 화재 시 소화기 사용방법

① 안전핀을 뽑는다. 이때 손잡이를 누른 상태로는 잘빠지지 않으니 침착하도록 한다.

② 호스걸이에서 호스를 벗겨내어 잡고 끝을 불쪽으로 향한다.

③ 가위질하듯 손잡이를 힘껏 잡아 누른다.

④ 불의 아래쪽에서 비를 쓸 듯이 차례로 덮어 나간다.

⑤ 불이 꺼지면 손잡이를 놓는다.

2) PBE(Protective Breathing Equipment)

기내 화재 진압 시에 연기나 가스로부터 원활히 호흡하고 안면을 보호하고 시야를 확보하기 위한 장비이다.

3) 석면 장갑

화재 진압 시 뜨거운 물체를 집어야 하는 경우 사용한다.

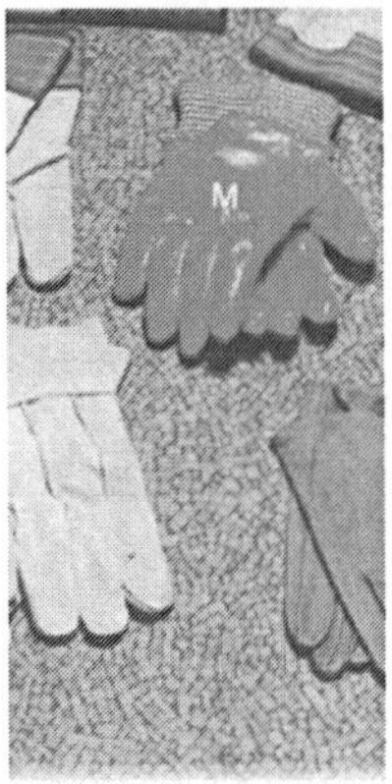

4) 손도끼

접근이 용이 하지 않은 객실 구조물 내부에서 화재가 발생하였을 경우, 화재 진압에 방해가 되는 장애물 제거용으로 사용한다. 또한 화재 진압 후 잔해를 치우는 용도로 사용될 수 있다.

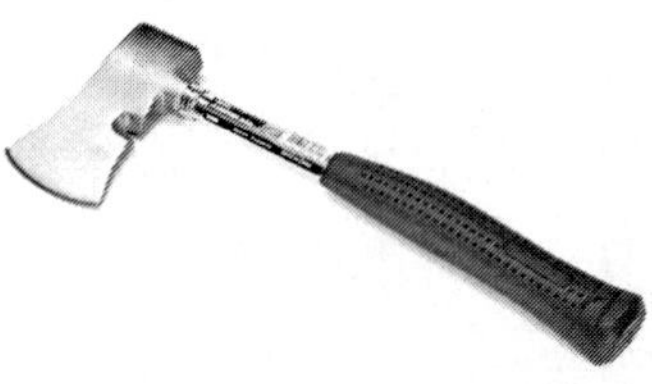

5) Emergency Power Off Switch

Galley 화재 발생 시 해당 Galley에 설치된 Emergency Power Off Switch를 사용하여 공급되는 전원을 차단한다.

6) Circuit Breaker

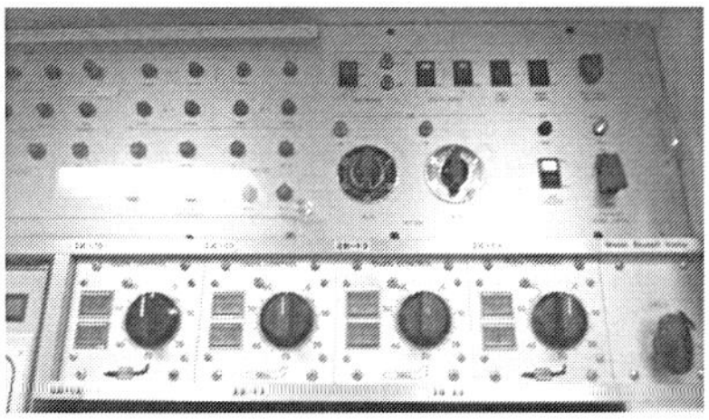

전기 설비의 전기 과부화 현상으로 인한 화재를 사전에 방지하기 위하여 전원을 차단하는 장치이며 검은색 버튼 형태로 되어 있다.

7) 방화복

화재 진압 시 방화복을 착용하여 신체를 보호한다.

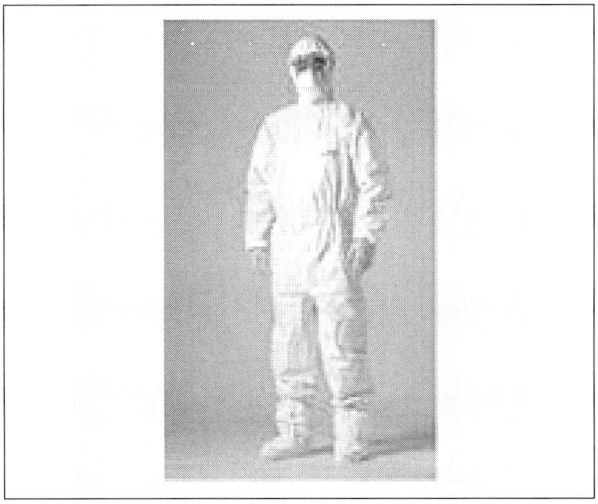

8) Wand

먼 거리에 발생한 화원을 향해 소화액을 효과적으로 분사하기 위해 사용한다.

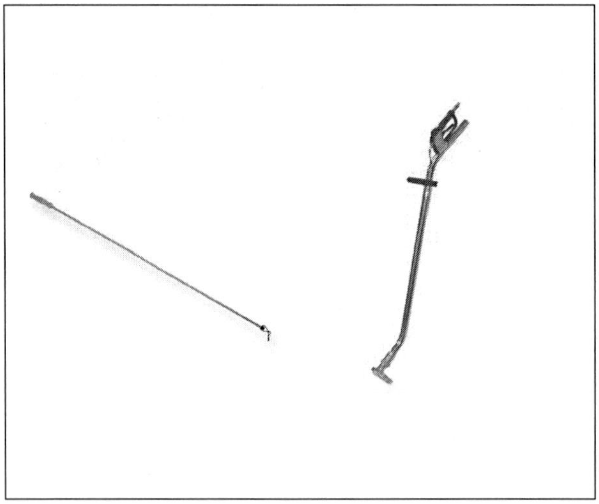

4. 항공기 보안

기내 보안은 불법적인 기내 업무 방해 행위나 위협으로부터 민간 항공의 안전을 보호하기 위하여 인적, 물적 자원들이 결합된 여러 수단과 방법에 의해 성취될 수 있다.

보안장비로는 전자 충격총(Taser), 방폭 담요, 방탄조끼, 타이 랩(Tie- Wrap), 포승줄, 비상벨 등을 보유하고 있다.

1) 기내 보안

운항 전 객실승무원은 사무장의 지시에 따라 담당 구역별로 '항공기 보안 검색 Check List에 의거하여 육안 점검을 수행한다. 점검 도중 의심스러운 물건이 발견되면 즉시 점검을 중단하고 사무장과 기장에게 보고하여 관계 기관에 신고 될 수 있도록 한다.

2) 총기류 탑재 절차

총기류 및 무기류는 승객이 탑승 수속 이 사전에 관계기관에 신고 후 운송직원에게 통보하고 항공정책실장의 허가를 받은 항공보안요원의 경우를 제외하고는 항공기내 탑재가 불가하며, 위탁수하물로 운송하여야 한다.

총기류를 기내에 탑재할 경우에는 세관직원, 항공사 운송직원의 입회하에 공항 경찰이 실탄과 총기를 분리하여 별도의 용기에 담아 봉인한 후, 항공사 운송직원과 함께 해당 항공기의 기장에게 전달하여 조종실에 보관한다.

3) 폭발물 피해 최소 구역

비행 중 폭발물로 의심이 되는 정보를 입수하였거나 발견 했을 경우 기종에 따라 폭발물 최소구역으로 폭발물을 옮긴다. 내부분 객실 최후방으로 옮기고 바닥에 단단한 수하물을 깔고 Door의 중앙 부분까지 일정한 높이로 쌓아서 수평을 유지한다. 젖은 담요나 옷가지를 이용하여 높이 쌓은 후 방폭담요를 갈고 젖은 담요나 옷가지 등을 편평하게 놓는다. 최대한 천정이 닿을 때까지 보강하고 넥타이, 헤드폰, 스타킹 등을 이용하여 고정시킨다.

4) 공중납치(Hijacking)

항공기가 공중 납치되었을 경우에는 승객과 승무원의 안전을 최우선으로 한다. 항공기 납치 사건 발생 시 객실승무원은 인터폰을 사용하여 기장에게 상황을 보고하고 인터폰으로 알리지 못하는 경우에는 기내 비상벨을 사용한다. 승무원은 승객을 안심시켜 동요를 방지하고 납치범 내용 내책에 응하며 비상 착륙을 대비한다.

납치범에게는 과격하거나 자극적인 언행은 삼가고 단시간 내에 일을 처리

하려고 서두르지 않는다. 납치범을 설득, 회유, 기만 등의 방법으로 범행을 지연 또는 단념 시킨다. 논쟁하거나 납치범을 무시하지 말고 공범이 있다는 가정 하에 행동한다. 객실승무원들은 승객의 가시권 내에 있음으로 객실 분위기를 안정시킬 수 있으며 승객의 불필요한 영웅심을 예방할 수 있다.

제4절 기내서비스의 업무 절차

1. 국내선 업무 절차

1) 비행 준비

비행 준비는 객실승무원이 항공기 탑승 전에 수행해야 할 모든 준비업무로써 출근, Show Up, Briefing 준비, 객실 Briefing, 운항Briefing 등의 절차를 의미한다.

가) 출 근

• 교통 혼잡 등을 고려하여 충분한 시간을 가지고 출근하며 출근 시 규정에 맞는 제복 착용과 메이크업, 헤어 상태를 유지한다.

나) 객실승무원의 필수 휴대품

• 여권
• 직원 신분증(I.D Card)
• 안전 훈련 이수증

다) Show Up

• Show Up란 객실승무원이 기 할당된 비행근무를 위해 근무 준비를 완료

하고 Show Up List에 서명하는 것을 말한다.

• Show Up 시에는 비행근무를 위한 용모, 복장을 갖춘 상태여야 하며 반드시 본인이 실시해야 한다.

라) 객실브리핑 준비

• 최근 업무 지시 내용 숙지
• 해당 편 특이사항 준비
• 항공기 비상, 보안장비 숙지
• 담당 근무 구역 확인

마) 객실 브리핑 시간 및 장소

• 객실 브리핑 실에서 1시간 20분 전에 국내선 객실 브리핑을 한다.

바) 객실 브리핑 절차

• Show Up 후 정해진 시간에 지정된 브리핑 룸에서 실시되는 객실 브리핑에 참석하며 객실 브리핑 참석 시에는 승무에 필요한 휴대품을 완비한 상태여야 한다.

↘ 스트레칭 체조

- 인사 연습
- 눈높이 서비스 롤 플레이
- 브리핑 정보
- 휴대물 준비상태 확인
- 안선구호 제창

2) 탑승 전 업무

가) 보안 검색

- 항공기에 반입할 수 없는 물건 소지 여부를 Check하는 X-RAY 검사대를 통과한 후 항공기에 탑승한다.

나) 합동 브리핑

- 객실브리핑을 마친 객실승무원은 운항 승무원과 합동 브리핑을 참석해야 한다.
- 시점은 국내선 50분전이며 항공기 객실 전방에서 실시한다.

3) 지상 업무

- 지상 업무는 비행 안전 점검, 기내서비스를 위한 각종 아이템 점검 등의 Pre-Flight와 승객 탑승 후 이륙 전까지 이루어지는 서비스 준비 업무를 말한다.

가) Pre-Flight Check

- 항공기 장비, P.A상태 점검, 화장실, Cabin 청소상태, 기내설비 체크한다.

나) 신문서비스 준비

- Serving Cart를 이용해 신문 제호가 보이도록 하며 한글신문, 영자 신문, 스포츠 신문을 세팅한다.

다) 승객 탑승 준비

- Overhead Bin을 열어 승객 탑승 시 비어 있는 곳을 쉽게 찾도록 한다.
- 최선임 승무원은 방향제를 Aisle 및 화장실에 뿌려 승객이 쾌적한 느낌이 들어보이도록 한다.
- 객실 사무장은 Boarding Music을 ON시킨다.

라) 환영인사 및 좌석 안내

• 승객 탑승이 시작되면 전 승무원은 환영인사, 좌석안내, 휴대 수하물 정리정돈의 업무를 수행한다.

마) Head Counting

• 안전운항을 도모하고 Check-In 승객의 미탑승 사례를 방지하기 위해서 실시한다.

바) 신문서비스

• 승객 탑승 시 항공기 바깥 Door Side에서 승객이 직접 가도록 안내하며 승객 탑승이 완료되면 잔여분은 Tray에 준비하여 제공한다.

사) 승객 탑승 완료

• 승객 탑승 완료 후 객실 사무장은 지상직원에게 '객실 준비 완료'를 통보한다.

아) Door Close

• 기장에게 탑승객 수, 특이사항 등을 내용으로 탑승완료 보고를 한다.

자) Welcome 방송 실시

차) Safety Demonstration

• 비행 중 발생할 수 있는 비상사태에 대비하여 비상용 구명장비의 위치와 사용법을 승객에게 Demonstration 한다.

카) 이륙 전 Galley 고정 상태 점검

4) 기내서비스

가) 음료서비스

- 비행 고도가 일정 고도에 달하면 Fasten Seat Belt Sing이 Off되며 승무원은 Apron을 착용하고 음료 카트를 차려서 나간다.

나) 음료 서비스 시 유의사항

- 주스, 콜라, 물 등은 차갑게 제공한다.
- 뜨거운 음료(커피, 녹차)는 Pot에 반 정도만 담아 적정 온도를 제공하며 승객 화상 방지에 유의하며 서비스 한다.
- 창측 승객에게 음료를 제공할 때는 통로측 승객에게 양해를 구하고 제공한다.
- 비행 중 수시로 제공한다.
- Table을 편 후 Napkin을 깔아드린 후 서비스 한다.
- 커피는 설탕, 크림의 사용여부를 확인한 후 서비스 한다.

다) Walk Around 및 Personal Touch

- 좌석 앞 Seat Pocket 내의 Used Cup 회수한다.
- 승객 좌석 주변의 청결을 유지한다.
- 신문을 제공하지 못한 승객에게 다 보신 분들의 신문을 정리해서 권한다.
- 독서물을 보시는 승객에게는 승무원이 의향을 물어보고 Reading Light를 켜 드린다.

라) 착륙 준비

- 착륙 준비는 항공기가 착륙을 위해 Approaching하는 시점을 기준으로 한다.
- 중요한 승객에게는 도착 안내 및 Farewell 인사를 한다.
- 특별한 배려가 필요한 승객에게는 Personal Touch를 한다.

• Galley 내 유동물질 고정과, 화장실 잔류 승객 유무 확인, 승객 좌석벨트 확인 및 안전 업무를 수행한다.

마) 착륙 후 업무

• 착륙 후 항공기 엔진의 역회전이 끝나는 시점에 Farewell 방송을 실시한다.
• 좌석벨트 사인이 커질 때까지 승객의 착석을 유도한다.
• 승무원도 Jump Seat에 착석한다.
• 항공기가 완전히 정지한 후 객실 사무장의 P.A 지시에 따라 Slide Mode를 변경하고 All Attendant Call에 응답한다.
• 기내조명을 조절한다.
• 승객 하기 시 인사를 실시하고 도움이 필요한 승객을 도와드린다.
• 승객 하기가 끝나면 좌석 주위, Seat Pocket, Overhead Bin, Coat Room, 화장실을 점검한다.
• 기내 유실물이 나오면 바로 지상직원에게 인계하고 Lost & Found에 맡긴다.
• 복석지에 도착하면 각종 서류를 정리하고 De Briefing을 하고 마친다.

2. 국내선 서비스 실무

1) 이륙 전 업무 실습

가) 국내선 이륙 전 업무절차 개요

나) 조별 실습

• 신문서비스 준비
• 승객탑승 안내
• 신문서비스

- Door Close
- Welcome 방송
- Safety Demo
- 이륙준비

다) Feedback

- 신문 서비스 준비는 제대로 했다.
- 승객 탑승 안내 시 밝은 표정, 명랑한 말씨로 업무를 수행했다.
- 신문 리필 서비스가 이루어졌다.
- Door Close 시점을 파악하고 Slide Mode 변경을 규정대로 하였다.
- Welcome 방송 시 지정된 위치에서 밝은 스마일을 유지하며 인사를 할 수 있다.
- 승객과의 대화가 자연스러웠다.
- 이륙준비사항에 대해 제대로 알고 있다.

2) 기내서비스 실습

가) 조별 실습

- 음료 서비스 준비
- Cart Set Up
- 음료 서비스
- Walk Around 및 Personal Touch
- 서비스 아이템 정리
- Farewell 인사
- 착륙 준비

나) Feedback

- 음료서비스 준비가 제대로 이루어 졌다.
- 서비스 아이템을 SVG Cart에 올바로 Setting 했다.
- 음료 서비스 시 올바른 자세로 공손하게 서비스를 구사하였다.
- Refill 서비스는 제대로 이루어졌다.
- Walk Around시의 중요성 및 행동 요령에 대해 알고 있다.
- 음료 서비스 후 서비스 아이템 정리는 올바로 하였다.
- Approaching하는 시점 승객에게 올바른 Farewell 인사를 하였다.
- 착륙 준비 업무를 올바로 수행하였다.

3. 국제선 업무 절차

1) 비행 전 업무

객실승무원의 비행 전 업무는 다시 세 가지로 구분할 수 있는데, 비행 전 업무(show-up, 브리핑 준비, 필수휴대품, 용모·복장 점검, 객실브리핑, 합동브리핑, 수히물탁송), 비행 전 점검 및 준비업무(항공기 탑승, 사전비행 체크, 신문·잡지 서비스 준비, 식음료 준비, 기내 판매품 인수, 보안점검), 승객 탑승과 이륙 전 업무(승객탑승, 지상 서비스, 각종 항공기 관련서류 인수, Door Close, Slide Model변경, 환영방송, Safety Demonstration, 이륙준비, 승무원 착석, 이륙준비 점검상태 재확인, 이륙방송)의 순으로 나눌 수 있다.

Show-up이란, 객실승무원이 할당된 비행근무를 위해 지정된 장소에서 비행근무를 위한 완전한 용모·복장을 갖춘 상태로 비행리스트 옆 자신의 이름에 서명하는 것을 의미한다. 또한, 객실승무원은 객실 브리핑이 끝난 후, 정해진 시간에 지정된 장소에서 실시되는 운항 승무원과의 합동 브리핑에 참석해야 한다.

승객탑승이 시작되면, 승무원은 환영인사(welcome greeting), 좌석안내, 승객 Head Counting 및 휴대 수화물 보관협조 업무를 수행해야 한다. 환영 방송 후에는 Safety-Demonstration을 실시하는데, 그 내용은 객실승무원이 이륙 전 비행안전 및 비상사태에 대비하여 승객에게 금연, 좌석벨트의 사용법, 비상 탈출구의 위치, 구명복의 위치 및 사용법, 산소마스크의 위치 및 사용법에 대하여 Film 또는 실연으로 Safety Instruction을 해야 한다.

가) 출근 전 확인사항

• 휴대품
• 여행용품
• Appearance Chk
• Flight Schedule

나) 사전학습 내용

• 기종 / Class
• 항공기 장비 / 시스템
• 비상사태 처리절차
• Door 작동법
• 객실 설비
• 기내서비스 절차
• 목적지 정보

다) 객실승무원 필수 휴대품

• 여권 및 Visa
• 직원 신분증(I.D Card)
• 안전 훈련 이수증
• 출입국 및 비행 근무에 필요한 서류

라) Show-Up

마) 객실 브리핑 준비

- 객실 사무장 이름과 자신에게 할 당된 Duty
- 해당편 Briefing Sheet
- 업무지시와 공지사항
- 비행필요 서류
- 필수 휴대품

바) 객실 브리핑 시간과 장소

11 : 00 이전	11 : 01 이후
1시간 10분 전	2시간 전
객실 전방	객실 브리핑 실

(K 항공사 객실 브리핑 시간)

사) Crew Baggage

- 객실승무원의 기내 반입 휴대 수하물은 회사가 지급한 Flight Bag과 Hanger로 제한하며 Crew Tag을 붙여 승무원 전용 탁송 카운터에서 탁송한다.
- 객실승무원의 기내 반입 수하물은 Overhead Bin, Door가 장착된 Coatroom, 좌석하단으로서 전방과 통로측 고정 장치가 설치되어 있는 공간에 보관한다.

아) 합동 브리핑

시 간	55분전
장 소	합동 브리핑실 또는 기내 전방

2) 비행 중 업무

비행 중 업무내용은 Galley 브리핑, 기내방송, Audio & Video 서비스, Galley 브리핑 서비스, Hand Towel 서비스, 식음료서비스, 기내식 서비스, 입국서류 배포 및 작성협조, 기내 판매, 객실용품(오락기구)제공, 객실 쾌적성 유지, 착륙준비, 승무원 착석, 금연안내 등으로 이루어진다.

Galley 브리핑은 서비스 시작 전 각 구역별로 Galley 내에서 원활한 기내식 서비스를 위한 Galley 브리핑을 실시하게 된다. 이때 탑승객 정보, 서비스 내용・방법, 진행요령, 유의사항, 기내식 내용 및 수량 등을 Galley 내의 승무원이 상호 재점검함으로써 기내식 서비스 진행에 착오가 없도록 하기 위한 것이다.

입국서류 배포 및 작성협조 내용은 객실승무원이 기내식 서비스 후, 승객의 입국편의를 위해 항공기 도착 전 해당 도착국에 따라 입국에 필요한 입국서류를 승객에게 안내하고, 배포하며, 작성에 협조하는 것을 말한다.

한편, 기내 면세품 판매는 항공사마다 대고객 서비스의 일환이라는 측면에서 중요한 기내서비스 내용 중의 하나라고 할 수 있다. 기내식 서비스 후 면세품 판매를 하기 전에 안내방송을 하며, 해당 구간의 비행시간 및 서비스 절차를 감안하여 실시한다.

착륙 전 준비는 이륙준비와 동일하게 안전점검을 실시하되, 특히 담당별로 다음 사항을 유의한다. 즉, 항공기의 이착륙 때, 모든 승객 및 승무원들은 착석하여, 좌석 벨트를 반드시 착용해야 하고, 야간비행 때는 기내 조명을 약간 어두운 상태로 하는 등 안전과 관련된 제반 사항을 철저히 수행해야 한다.

가) Pre-Flight Check

- Lavatory
- Cabin Cleaning
- 객실 설비
- Catering Item
- Boarding Music

나) Pre-Departure

- Boarding Position
- 승객 좌석 안내
- Head Counting
- 휴대 수하물 보관 안내
- 초과 휴대 수하물에 대한 처리
- 지상 서비스
- Ship Pouch 인수 및 Door Close
- Safety Demonstration
- 이륙준비
- 승무원 착석

다) 기내서비스

- Air show 상영
- 객실 조명 조절
- 서비스 브리핑
- Hand Towel 서비스
- 음료 서비스 : 식욕을 돋우기 위해 식사 전 음료서비스를 실시한다. 출발시간, 비행시간에 따라서 음료서비스의 종류는 다양하다. 단거리의 경우 Tray에 음료를 Setting해서 서비스 하며 중거리 이상일 경우 Cart 차림으로 음료를 서비스 한다. 이때 서비스의 흐름은 Zone, Aisle별로 한다.
- Meal 서비스 : 대부분과 한식과 서양식 혹은 노선별로 나라의 특색에 맞는 기내식을 선보이고 있으며 아침과 점심, 저녁에 따라 특색 있는 기내식을 서비스 한다.
- 입국 서류 배포 및 작성 협조
- Walk Around
- 서비스 Item 제공

3) 착륙 전 업무

가) 객실 정리·정돈

Aisle 담당승무원은 담당구역별로 Aisle, 화장실, 승객좌석 주변, Seat Pocket 등을 정리 · 정돈한다. Galley 담당승무원은 서비스용품을 정리하고, Dry Item 및 Liquor Inventory List를 작성한다.

나) 입국서류 작성확인

전 승무원은 담당구역별로 서류작성에 협조하고, UM과 도움이 필요한 승객의 입국서류 작성을 도와준다.

다) Headphone 및 잡지회수

서비스 했던 헤드폰과 잡지는 회수하여 정리하고 이때 다 보신 신문도 회수하여 주변 정돈을 한다.

라) Galley Compartment Seal 및 Lock

마) 승객의 착륙준비 점검 및 승무원 착석

4) 착륙 후 업무

착륙 후 업무는 Farewell 방송, Taxing중 조치사항, Door Open, Door Open인계 및 승객하기, 기내 점검, 도착보고 등으로 구성되어 있다. 특히, Door Open 사무장은 운송담당직원에게 Door Open을 인계하고, VIP와 CIP 및 특별 승객에 대한 정보 등 업무수행에 필요한 사항에 대해 의견을 교환한다.

가) 승객의 안전을 위하여 Taxing 중에는 반드시 착석하도록 한다

나) Slide Mode변경 및 수신호 보내기

사무장의 방송에 따라 전 승무원은 Slide Mode를 변경하고, Cross Check한 후에 사무장에게 수신호를 보낸다.

다) Door Open 및 승객하기

사무장은 좌석벨트 사인이 켜진 것을 확인한 후 지상직원에게 Door Open 허가 사인을 주어, Door를 열도록 한다. 또한 운송담당직원에게 Ship Pouch를 인계한다. 탑승구에서 Farewell 인사를 하고, 하기순서에 따라 승객을 하기시킨다.

라) 기내 점검

화장실 용품을 회수하고, slide mode, 인수인계품, 승객유실물 등을 확인한다.

마) 기내 판매품 인계한다

바) 승무원 하기

5) 도착 후 업무

항공기가 목적지에 도착하면 승무원은 다음과 같은 업무를 수행한다.

① 서비스품목 인계로서 항공기용품은 탑재된 위치에 보관한다.
② Liquor는 Liquor Cart 또는 Carrier Box에 넣어, Sealing하고 Liquor Seal Number 인수인계서를 작성하여, 탑재원에게 인계한다.
③ 기물은 출발 시 Cart 또는 Carrier Box에 보관하고, 기내비치용 기물을 제외한 기타 모든 서비스용품은 Galley 선반 등 하기가 용이한 위치에 보관한다.
④ Flight Coupon을 인계하고, 항공기내 판매대금을 반납하고, 공지사항 및 Mail Box를 확인함으로서 비로소 해당 항공편의 업무를 마무리한다.

4. 특별한 도움이 필요한 승객 서비스

특별한 도움이 필요한 승객에 대한 서비스는 해당 승객에 대한 세심한 배려뿐만 아니라 승객에게 부담이 될 수 있는 해당 승객을 적극적으로 Care 함으로써 주위 승객이 편안하고 안락한 여행을 할 수 있는 분위기를 형성할 수 있다.

1) 어린아이 승객

부모님이나 어른을 동반하지 않은 어린아이의 탑승은 일반 승객보다 더 특별하고 세심한 서비스가 필요하다.

먼저 탑승 시에는 짐을 들어 좌석까지 안내하고 비행기 구조에 대해 브리핑을 해준다. 예를 들면 화장실 위치와 사용법, 좌석벨트 사용법, Call 작동법 등을 알려준다.

비행 중에는 친근감을 표현하며 부족하고 불편한 점이 없는지 수시로 체크하며 식사 제공과 작성하기 어려운 입국서류를 작성해주고 착륙 전 도착시간과 날씨를 알려준다. 일반승객보다 먼저 하기하도록 하고 소지품과 짐을 들어 마지막까지 챙겨주도록 한다.

부모님과 함께 비행기를 탑승하지 않은 어린아이는 불안감과 생소함을 느끼기 때문에 따뜻한 마음으로 아이들을 돌봐주어야 한다.

2) 유아 동반 승객

혼자 여행하는 것보다 어린아이를 동반하고 탑승하는 승객은 짐도 많고 아이의 컨디션을 확인해야 하기 때문에 굉장히 민감하고 힘든 상황이다.

탑승 시에는 짐을 들어주고 좌석을 안내하며 유아용 Baby Bassinet 제공 및 필요 여부를 파악한다. 비행 안전을 위해 Baby Bassinet는 이 · 착륙 시에는 장탈한다.

비행 중에는 식사 서비스 전 보호자의 식사 시점을 확인하고 유아식 제공 시 위생에 철저히 유념한다. 어린아이 동반한 승객에게는 쓰레기 등을 담을 수 있는 쇼핑백을 제공하여 자주 치워주고 좌석 주변을 항상 청결히 한다.

하기 시에는 짐을 들어 내릴 때까지 노움을 준다.

3) 노약자

노약자 승객 중에는 비행기를 처음 탑승하시는 분과 경험이 있는 분으로 구분할 수 있다. 처음 항공여행을 하시는 분에게는 비행기 시설에 대해 자세히 안내해 드리고 자기소개를 하여 언제든지 도움이 필요할 때에 도움을 요청하시도록 안내한다. 식사 서비스를 할 때에는 기내식에 대해 자세히 안내하고 담요, 베게 등을 활용하여 쾌적한 환경을 조성 한다. 서류 작성을 도와드리고 내릴 때까지 안전하게 안내해 드린다.

4) 팔 다리가 부자유스러운 승객

몸이 불편하신 승객에게는 스스로로 판단하지 말고 승객에게 어떻게 도움을 드려야 하는지 묻고 손님의 의사에 맞게 도와드려야 한다.

휠체어 승객에게는 휠체어를 타고 내릴 때에 손을 부축할 것인지 업힐 것인지 여부를 물어본 후 그에 맞게 대응하고 지팡이를 가지고 탑승하신 승객은 지팡이를 맡아 드릴 때 손님의 의사를 물어 본다.

5) 청각 장애 승객

청각 장애 승객이 듣지 못한다고 함부로 말하거나 반말을 해서는 안된다. 헤드폰 제공은 하지 않으며 기내지를 통해 비행 정보를 제공하도록 한다. 말을 할 때는 Eye Contact을 유지하고 발음은 정확하게 한다. 식사 서비스나 음료를 제공 할 때는 수하를 통해서 의사소통을 한다.

6) 맹인 승객

맹인 승객은 오른편에서 왼손으로 붙잡아 드리고 반보 앞으로 걸어간다. 지팡이를 갖고 있을 때에는 지팡이 반대쪽으로 부축한다. 기내 시설은 만지게 해드리고 위치와 방향을 알려준다.

화장실, 산소마스크, 구명복의 사용을 설명하고 비상시 탈출 경로 역시 설명한다.

내용물을 안내할 때에는 '몇 시 방향'으로 설명해 드리고 입국 서류 작성 및 현지 정보도 알려 준다. 도착지에 도착해서 짐을 도와드리고 지상직원에게 인계하여 원활하게 내릴 수 있도록 돕는다.

7) 언어 장애 승객

의사소통에 문제가 있을 수 있으므로 메모를 이용하거나 언어 장애 승객이 말씀을 하실 때에는 다시 확인 하고 대화 시에는 발음을 확실히 해드린다. 신문, 잡지 등을 제공하고 좌석 Reclining, Armrest 사용법을 알려준다.

비행 내내 불편한 점이 없는 지 확인하고 착륙 시에도 마지막까지 세심하게 보살펴 드린다.

↘ 서비스 점검 체크 리스트

승객 탑승 전

- 비행 준비
- 객실브리핑 참석
- 승무원 짐 정리
- 합동브리핑 참석
- 비상장비 점검
- P.A 및 INTERPHONE 상태 점검
- 객실 설비 점검
- CATERING ITEM 점검
- GALLEY 점검
- 신문, 잡지 준비
- 화장실 점거

- WELCOME DRINK 준비
- 객실 청소 상태 점검
- OVER HEAD BIN, SEAT POCKET, 좌석하단 점검
- 보딩 뮤직 작동

승객 탑승 / 이륙

- 용모 상태 점검
- 환영인사
- 기내 방송 실시
- 좌석 안내
- 휴대 수하물 보관 상태 확인
- 신문, 잡지 제공
- WELCOME DRINK 제공(상위 클래스)
- 승객착석, OVER HEAD BIN 닫힘 상태, GALLEY 유동물 고정 상태 확인
- 이륙 준비 상태 확인
- JUMP SEAT 착석
- 30 SECOND REVIEW 실시

비행 중

- 기내방송 실시
- 서비스 브리핑 갤리별로 실시
- 중요 승객 및 CARE승객 SEAT CHART 작성
- 비디오 상영
- HEADPHONE 제공
- MENU BOOK제공
- 음료제공
- MEAL 제공

- HOT BEV 제공
- AISLE CLEANING
- 입국 서류 배포
- 기내판매
- 영화상영
- HEADPHONE REFILL
- 서비스 아이템 제공
- 도움이 필요한 승객 서비스
- 도착 전 음료 제공

착륙 전

- 안전벨트 착용, 좌석 등받이 원위치, 발 받침대 원위치, OVER HEAD BIN 닫힘 상태, GALLEY 유동물 고정 상태 확인
- 방송 실시
- 도착 안내
- 승객 입국 카드 확인
- 귀중품이나 자켓 반환
- 헤드폰, 잡지 회수
- 담요, 베게 정리
- 서비스 용품 정리

도착 후

- 기내 방송 실시
- 보딩 뮤직 작동
- 지상 직원에게 서류 인계
- 승객 하기 및 안내 인사
- 특별한 도움이 필요한 승객에게 도움 제공

- 기내 점검
- 지상 직원과 인수인계
- 도착 보고

제5장

항공운임 기초 및 항공운송업무

제1절 항공운임의 기초
제2절 항공운송업무
제3절 항공서비스 상품

제1절 항공운임의 기초

1. 항공 운임의 정의

① 항공기 운임은 출발 도시와 도착 도시 간 항공수송을 위해 항공기 좌석 및 부대 서비스를 제공하는 대가로 항공사가 여객으로부터 징수하는 금액이다.

② 일반적으로 운임의 설정 방법으로는 국제항공운송협회(IATA : International Air Transport Association) 산하의 운임조정회의(Tariff Coordinating Conference)에서 참석 회원 항공사 만장일치 결의에 의거, 국제선 운임의 신설/변경/조정 등이 이루어지고 있으며, 설정된 항공 운임은 모든 회원 항공사가 적용하여야 하는 기준 운임이 되고, 다수의 항공사에 의해 연계 수송이 이루어진 경우 이 기준 운임에 의해 수입을 정산 배분하게 된다.

※ 단, 국내선 운임은 IATA 운임 조정 대상에서 제외되며 우리나라의 경우 항공사에서 사전 예고하여 시행토록 하고 있다.

③ 운임의 정부 인가 방식은 관련국과의 항공 협정상에 명기되어 있으며, 대부분의 국가에서처럼 우리나라에서도 IATA 운임조정회의에서 결의된 운임을 목적지 국가별로 인가제와 신고제로 분리하여 인가 및 신고 수리하고 있다.

2. 항공권의 종류

1) 수기 항공권(MANUALLY ISSUED TICKET : MIT)

기재 내용을 직접 손으로 기입하여 발행하는 항공권으로 항공사 수기 항공권과 BSP 수기항공권 두 가지가 있으며 FLIGHT COUPON이 2매인 항공권과 4매인 항공권으로 구분된다.

2) 전산 항공권(TAT AND OPTAT TICKETS)

전산 SYSTEM을 이용하여 승객의 예약기록에 반영된 예약 및 발권 DATA를 이용하여 발행되는 항공권으로 항공사 전산 항공권(TAT)와 BSP 전산 항공권(OPTAT) 두 가지가 있으며 일체의 수기가 불필요한 항공권이다.

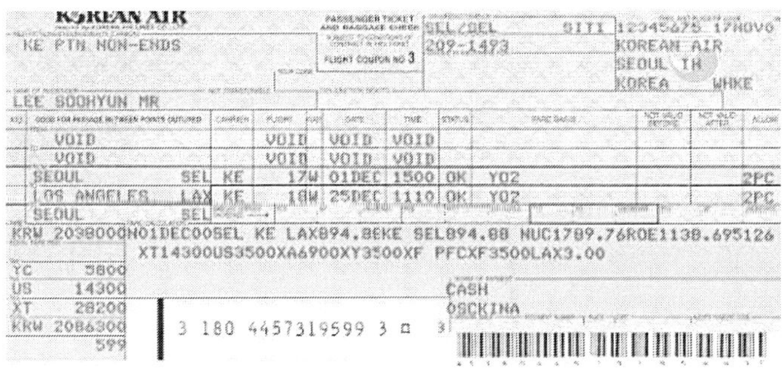

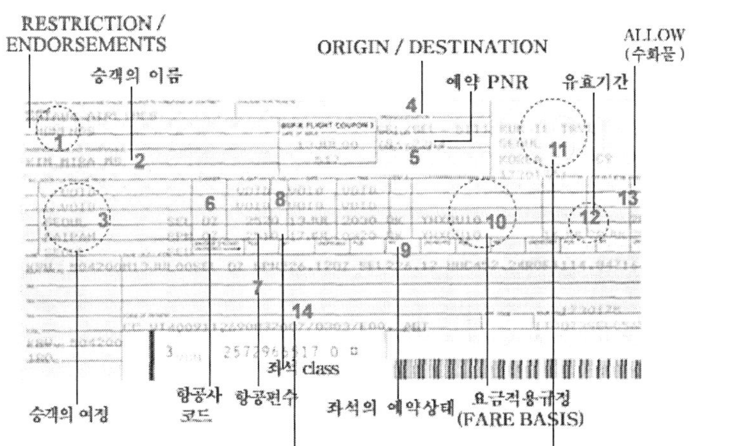

3) 전자 항공권(E-Ticket)

전자항공권이란 실물(종이) 항공권의 상대되는 개념으로 더 이상 실물이 존재하지 않고 대신 그 데이터를 고스란히 항공사 컴퓨터 시스템에 보관하여

e-Ticket Itinerary & Receipt (전자항공권 발행확인서)

* 본 확인서는 여권과 함께 전 여행기간동안 반드시 소지하시기 바랍니다.

Booking Reference : 934-9952
e-Ticket Issue Date/Agent : 08NOV06 /
Passenger Name : ABC/DEFGH
e-Ticket Number : 0123456789
Frequent Flyer Number :

ITINERARY * Local date & Time

Departure Arrival		Flight	Class	Date	Time	Status	FareBasis	Not Valid		Baggage
								Before	After	Reference
INCHEON (SEOUL) SHENYANG (SHENYANG)	ICN SHE	KE 831	M	10NOV06 10NOV06	11:15 12:05	OK	MLPX15		25NOV	20K E4CL7P
SHENYANG (SHENYANG) INCHEON (SEOUL)	SHE ICN	KE 834	M	12NOV06 12NOV06	17:05 19:55	OK	MLPX15		25NOV	20K E4CL7P

RECEIPT
Restrictions : NON-ENDS KE ONLY REFUND% PENALTY APPLICABLE
Conj. Ticket NO. :
Fare Calculation : M*SEL KE SHE Q25.00 245.51KE SEL Q25.00 245.51 NUC541.02END R OE957.390000
Fare Amount : KRW 518000
Equiv.Fare Paid :
Tax : KRW 4800YQ 27000BP 10900CN
Total Amount : KRW 560700
Form of Payment : AGT. 6CSKINC. CC LC************ 1034/****/E06

NOTICE
공항에서 탑승 수속 시 신분 확인 절차에 적극적인 협조 부탁 드립니다. 항공사의 운송 및 기타 서비스는 운송 약관 및 관련 규정의 적용을 받습니다. 전자 항공권 발행 확인서 (e-Ticket Itinerary & Receipt)는 탑승 수속 시, 입 출국/세관 통과 시 제시하도록 요구될 수 있으므로 반드시 전 여행 기간 동안 소지 하시기 바랍니다. 발행 확인서의 이름과 여권상의 이름은 반드시 일치해야 합니다. 여행의 최종 목적지나 경유지가 출발 국가 이외의 타국일 경우, 승객의 사망이나 상해 및 수하물 분실 또는 손상에 대한 운송인의 책임을 통상적으로 제한하는 '바르샤바 협약'의 적용을 받을 수 있습니다.
* 신용카드로 구매하신 고객은 탑승 수속 시 항공사에 따라서 신용카드를 제시하셔야 하는 경우가 있을 수 있습니다.

언제라도 조회하고 꺼내 볼 수 있는 상태의 항공권을 의미한다.

이 전자항공권, E-Ticket이 생겨나게 된 결정적인 이유는 항공사의 업무 개선과 비용 절감을 위해서라고 해도 과언이 아니다. 종이 항공권을 유지하기 위해서는 막대한 비용이 발생하기 때문이다.

전자항공권의 장점은 첫째, 항공권 발행을 위해 굳이 여행대리점이나 항공사를 방문할 필요가 없으며 둘째, 우선 분실해도 걱정이 없다. 마지막으로, 탑승구간이나 날짜를 변경하는 예약 변경의 경우에도 직접 항공사나 대리점을 방문할 필요가 없다는 점이다.

3. 항공권의 구성

항공권은 한 번의 비행여행을 위해서 총 4가지의 쿠폰이 발행된다.

① AUDIT COUPON(심사용 쿠폰) : 항공권 상의 필요한 모든 사항을 기재 후, 항공권의 첫 번째 COUPON 인 본 COUPON을 절취하여 해당일의 매표보고서와 함께 항공사 수입관리부로 송부한다. 수입관리부에서는 송부된 본 COUPON을 통해 적정 운임의 징수여부를 심사한다.

② AGENT COUPON(발행 점소 보관용 쿠폰) : 발행 점소의 발권기록 유지를 위하여 발권 후 절취하여 발행 장소에서 보관하는 COUPON이다.

③ FLIGHT COUPON(탑승용 쿠폰) : 항공권의 종류에 따라 2매 또는 4매가 발행되며, 표시된 구간의 탑승을 위한 CHECK-IN시 제출하며, BOARDING PASS와 교환한다.

④ PASSENGER COUPON(승객용 쿠폰) : 항공권상에 명시된 전 여정을 여행하는 동안 승객이 소지하는 COUPON으로 서 CHECK-IN 시점에 FLIGHT COUPON 과 함께 제시 되어야 한다.

4. 항공권의 유효기간

① 항공권의 유효기간의 정상운임이 적용된 경우 여행개시일로부터 1년이다.

② 특별운임 / 할인요금 적용된 경우 해당규정에 따라 유효기간이 상이하

며 최대. 최소 체류기간을 함께 제한한다.

③ 항공권은 유효기간 만료일 자정까지 유효하다. 즉 마지막 FLIGHT COUPON 의 여정을 만료일 자정 이전까지만 개시하면 된다.

5. 적용운임

① 항공권은 국제선 첫 구간 여행 개시일에 유효한 운임을 적용한다.

② 승객은 항공권에 표시된 여정의 순서대로 여행하여야한다. 만일 항공권 상의 출발지가 아닌 곳에서 여행을 시작할 경우 그 도시를 출발지로 하여 운임을 재계산한다.

6. 여정의 방향성

항공운임은 동일한 두 지점사이의 여정이라 할지라도 승객이 실제 여행하는 방행에 따라 서로 다른 운임수준이 적용된다. 정확한 운임을 적용하기 위해서는 승객의 여행방향에 대한 판단이 선행되어야 하는데 이를 여행의 방향성을 지표화하여 사용하고 있다. 이를 여정 지표(GLOBAL INDICATOR : GI) 라 한다.

GI	정의
PA	태평양 횡단여정
AT	대서양 횡단여정
AP	대서양 및 태평양 횡단여정
EH	동반구내의 여정
WH	서반구내의 여정
TS	한국/일본과 유럽간의 시베리아를 횡단하는 여정
FE	AREA3와 러시아 사이의 여정으로 AREA3와 러시아내 지점만 경유하는 여정

7. 여정의 종류

① 편도여정(ONE WAY) : 왕복여정과 일주 여정을 제외한 모든 여정을 말한다.

② 왕복여정(ROUND TRIP) : 전 여정을 계속 항공편을 이용하여 최초 출발도시로 다시 되돌아오는 여정 중 OUTBOUND 여정과 INBOUND 여정에 동일한 운임이 적용되는 여정이다.

③ 일주여정(CIRCLE TRIP) : 계속항공편을 이용하여 최초 출발지로 돌아오는 여정 중 왕복여정이 아닌 여정을 말한다. 이때 REASONABLE DIRECT SCHEDULE 이 없는 구간에 대하여 타 교통편을 이용한 여정도 포함한다.

④ 세계 일주 여정(ROUND THE WORLD TRIP) : 일주여행의 일종으로 일정한 한 방향(동쪽 또는 서쪽)으로 계속적으로 항공여행을 하면서 대서양과 태평양을 횡단하는 여정이다.

⑤ 가위 벌린 여정(OPEN-JAW TRIP) : 여정의 형태가 기본적으로 왕복여정의 성격을 가지고 있으나. 출발지 도착지가 다른 경우를 말한다.

8. 운임의 적용방법

① 운임의 여정의 진행방향대로 적용함이 원칙이다.

② 출발지국으로 돌아오는 운임마디에 대해서는 여정 진행의 역방향으로 적용한다.

③ 2개 이상 왕복여정이 END-ON 방식으로 결합된 경우, 각 왕복여정의 INBOUND 구간일 경우 여정진행의 역방향으로 운임을 적용한다.

제2절 항공운송업무

1. 항공운송사업의 개념

항공운송(air transportation)이란 항공기를 사용하여 타인의 수용 에 응하여 여객(passenger)과 화물(cargo) 및 우편물(mail)을 싣고 항로를 이용하여 국내외공항에서 다음 공항까지 운항하는 최현대식 운송시스템을 말한다.

이와 같은 항공운송시스템은 항공운송이 갖는 기술적, 경제적인 특성으로 인하여 가장 체계화된 교통시스템과 정보조직망을 활용하여 인적, 물적 운송체계가 완벽하게 구축된 운송서비스이다.

2. 항공운송사업의 구성요소

항공운송사업을 구성하는 시스템은 운송수단인 첫째 항공기와 둘째 항공기의 이, 착륙 장소와 여객출입국 서비스를 제공하는 공항 및 항공터미널이고 셋째는 항공기의 운항로이자 운송권을 확보해 주는 항공노선이다.

3. 항공운송사업의 분류

① 정기항공 운송사업 : 지점과 지점간의 항공노선으로 정해진 일시에 여객, 화물을 운송하기 위하여 항공기를 정기적으로 유상운송하는 사업을 말한다. 국제민간항공(ICAO)에서 대부분의 정기 운송 사업을 경영하는 항공사들은 자사의 운항시간표를 인쇄하여 일반여객들에게 배포하며, 국제적으로는 OAG(offical airline guide)에 수록해서 세계적으로 자사항공의사의 운항시간표를 공시한다고 정의하고 있다.

② 부정기항공 운송사업 : 정해진 항공노선을 이용하여 여객이나 화물을

운송하기 위하여 부정기적으로 유상운항하는 항공 사업으로서 대부분의 경우 운임을 공시하여 여객을 모집하고, 여객이 일정수에 이르면 운항하는 방법을 택하여 특정구간을 수시로 운항하는 운송 사업과 여객 요구에 응하여 지정된 구간을 항공기를 전체를 임차하여 운송하는 전세 운송 사업이 있다.

③ 항공기 사용사업 : 항공기를 이용하여 사진촬영, 약제살포, 보도, 취재, 순찰 등의 여객, 화물, 운송 이외의 사업을 도급받아 하는 항공 사업을 말한다.

④ 항공기 취급업(공항에서 항공기의 정비, 급유, 지상조업을 하는 유송업), 항공레저스포츠 업(초경량 비행장치, 인력 활공기를 이용하는 항공레저스포츠 업), 항공 운송 총대리점 업(항공 운송 사업을 위하여 여객이나 화물의 운송 계약체결을 대행하는 업), 도심공항 터미널 업(도시 중심에서 항공 여객이나 화물 운송에 관한 원활한 처리를 위해 필요한 시설을 해 놓고 운영하는 업) 등이 있다.

제3절 항공 서비스 상품

1. 예약, 발권 서비스

① 사전 좌석 배정은 국제선의 경우 승객이 예약하실 때 원하는 좌석을 사전 배정 받을 수 있는 서비스이다. 대상 승객으로는 예약이 확약된 9명 이하의 개인손님과 일등석 / 이등석 승객, 국제선 전 노선, 일반석 승객, 미주, 구주 노선(동남아 제외)이 있다.

② 신청절차는 예약 시 선호좌석을 신청한다. 일등석 / 이등석 승객들은 항공편 24시간 전까지이며 일반석 승객은 항공편 출발 2일 전까지 신청할

수 있다. 예약 시 선호좌석을 요청하지 않은 경우 출발 예정일 5일
1일 전까지 출발 공항으로 FAX 신청도 가능하다.

③ 항공권 타 지역 송부 서비스(PTA : Prepaid Ticket Advice)는 항공권을 지불하고자 하는 분이 거주하고 있는 지역의 점소에서 항공운 지불하면 외국에 있는 승객에서 항공권을 발급하여 주는 제도이

④ E-티켓은 종전의 종이 항공권과는 달리, 지점을 방문하실 필요 없이 비스 센터로 전화하거나 항공사 홈페이지에 접속하시어 손쉽게 예 수 있는 제도이다. 또한, 항공권의 세부 내역이 항공사의 시스템에 되어 있기 때문에, 분실이나 훼손에 대한 염려를 하지 않아도 되는 이 있다.

2. 수하물 서비스

수하물은 항공 여행을 할 때 승객이 휴대하는 물품이다.

① 위탁 수하물 : 위탁 수하물은 승객이 항공사에 수하물을 위탁하여 사에 등록된 수하물이다. 즉 항공사에 수하물 표를 발급하여 수하 송에 대해 책임을 지는 수하물이다. 위탁 수하물의 운송제도에는 제도와 개수제도가 있으며 해당 조건을 추가할 경우에는 추가 운 부과한다.

② 휴대수하물 : 승객이 항공사에 위탁하지 않고 직접 항공기내에 반 는 수하물이다. 항공사의 사전인가 필요없이 운송이 가능한 물품 대해야 한다. 개인용품(지갑, 가방, 코트, 카메라, 우산, 독서물 등), 조 장구(지팡이, 목발, 인공호흡기 등), 적당량의 면세품 쇼핑백은 로 반입할 수 있다.

③ 좌석 예약 휴대수하물 : 좌석 예약 휴대수하물이란 수하물을 객실

탑재하기 위해서 별도로 좌석을 구입한 수하물이다. 일반 화물로 처리 시 파손 될 위험이 있고 휴대수하물로 보관하기에는 부피가 큰 수하물인 경우 별도로 좌석을 구입하여야 한다. 휴대수하물 규격을 초과하는 의료용 수송이나 규격을 초과하는 포장된 악기류가 포함된다.

④ 동반 수하물 : 동반 수하물은 해당 항공편에 승객과 수하물이 함께 운송되는 수하물이다.

⑤ 비 동반 수하물 : 승객의 항공편과 관계없이 별도 항공편으로 운송되는 수하물이다. 즉 항공화물의 형태로 운송되는 수하물을 말한다.

3. 수하물 수속 시 유의사항

① 수하물은 항공승객과 동일 편으로 운송하는 것이 가장 바람직하다.

② 수하물 운송에 필요한 무료 수하물 허용량, 제한 품목 등에 대한 제반지식을 사전에 충분히 습득하여 승객이 안전하고 편안한 항공여행이 될 수 있도록 한다.

③ 포장 자체가 불량하거나 수하물 자체에 손상이 있을 경우에는 사전에 항공사의 책임 여부를 명백히 해야 한다.

④ 승객 탑승 중 운송직원과 객실승무원은 승객의 휴대수하물을 확인하고 초과 수하물 발견 시, 승객의 최종 목적지까지 일반 화물로 보내도록 조치한다.

⑤ 깨지기 쉬운 수하물은 승객의 서명을 받은 후 'FRAGILE ITEM TAG'을 부착하여 일반화물로 처리한다.

4. O.A.G 정의

O.A.G란 Official Airline Guide 정식 항공 시간표로서 전 세계 항공사의 비행 스케줄을 비롯한 항공여행 관련 정보를 수록한 책자이다. 미국 민간 항공

국(US CAB : Civil Aeronautics Board of the United States)이나 캐나다 운송위원회(CTC : Canadian Transport Commission) 에 요금이나 규정의 등록업무를 대행하고 있는 OAG회사(Official Airline Guide, Inc, Agent)에서 상기관에 등록된 요금과 규정을 인쇄 배포하고 있다. 상시로 내용이 변경되는 OAG의 특징은 미국 민간 항공국에 등록된 규정이라는 점에서 미국을 운항하는 대부분의 항공사들이 해당구간에 우선적으로 적용하고 있으며 국내 항공사에서도 우선적으로 사용하고 있다.

객실승무원은 비행 중 승객으로부터 전 세계 항공사의 스케줄을 비롯, 항공여행과 다양한 질문을 받게 될 경우 정확한 정보 전달을 위해 OAG에 수록된 내용을 토대로 정보를 제공해 줄 수 있다.

5. O.A.G 종류

① World Wide Edition(세계판) : 전 세계 항공사 비행 스케줄 및 관련정보가 수록되며 월 1회 발행된다.

② North America Edition : USA, Canada, Mexico 및 카리브 영안도시 비행편의 스케줄 및 관련정보 수록되며 월 2회 발행된다.

③ Flight Guide Supplement : 부록, 기타여행정보가 수록되어 있다.

6. O.A.G 주요내용

① 항공사 스케줄, 항공편 일정 및 주소

② 항공사 코드, 도시 & 공항 코드 및 약호

③ 렌트카 회사 및 FREQUENT FLYER 프로그램 안내

④ 연결시간에 관한 요령 및 시간도표

⑤ 공항 지도, 세계지도 및 시간도표

⑥ 항공기 좌석도표, 영화 목록 및 달력

⑦ 공항 탑승 수속 및 면세점 안내
⑧ 국가별 은행, 환율 및 공휴일
⑨ 항공사별 수하물 중량 제한 및 수락 신용카드 안내

7. O.A.G 스케줄 사용법

① part one과 part two의 알파벳순으로 열거된 도시 가운데서 출발지 도시를 찾는다.
② 출발지 아래에 나열된 도시명에서 목적지 도시를 찾는다.
③ 찾고자 하는 목적지 도시명이 없으면, 목적지 가까운 연결 도시를 선택한 다음 Direct Connecting 이용 가능 여부를 확인한다.
④ 선택한 연결도시의 연결시간(Connecting Time)이 충분한가를 검토하고 연결되는 각 구간의 비행일이 운항요일과 운항기간에 유효한 날짜인가를 확인한다.
⑤ Direct Flight : 출발지에서 목적지까지 Non-Stop 또는 한번 이상의 중간 기착을 하여 운항하는 것을 말한다. 경우에 따라서는 중간 기착지에서 항공기의 교체기도 가능하나, 편명을 변경하는 것은 Connecting Flight에 해당한다.
⑥ Connecting Flight : 출발지에서 목적지까지의 운항에 두 번 이상의 Direct Flight를 이용하는 것을 말한다.

8. T.I.M(Travel Information Manual)

1) T.I.M(Travel Information Manual)

항공여행과 관련한 국가별 규정, 절차 및 각종 규제사항이 수록되어 있는 항공여행 정보 책자이다.

2) T.I.M 주요내용

가) Passport

입국에 유효한 국적별 여권과 여권의 종류 및 여권 대응 서류 그리고 망명자, 무국적자 입국 규정 등

나) VISA

입국에 유효한 국적별

다) Health

예방 접종 필요 여부와 기타 권고 사항

라) Airport Tax

공항세 징수 여부 및 징수금액, 징수 장소와 공항세 면제 대상 등

마) Customs

여행자 휴대품 면세 범위, 통관자 규제 물품, 세관 반출 규정, 애완동물 반입 규정 등

바) Currency

외환 규정, 외환 반입/반출 신고 및 허용범위 등

제6장

음 료

제1절 음료의 이해
제2절 음료의 분류

제1절 음료의 이해

1. 음료의 정의

인간은 인체구성 성분의 약 70%가 수분으로 되어있다. 그리고 인간은 매일 3리터의 수분을 체외로 배출함에 따라 체내수분 함유량이 줄어들어 함유량이 일정량의 이하가 되면 갈증을 느끼게 된다. 따라서 우리는 항상 음료를 마시게 되며 음료(飮料)는 액체를 많이 포함하여 마실 수 있는 음식을 뜻한다. 흔히 음료수(飮料水)라고도 부르지만 엄밀히 말하면 음료수는 마시거나 요리에 쓰이는 물만을 뜻한다.

2. 음료의 역사

인류역사에 있어서 음료는 절대적인 것으로서 인간이 지구상에 존재하기 시작하면서부터 음료를 필요로 하였으며 세계문명이 발상지라고 하는 유명한 티그리스(Tigris)강과 유프라테스(Euphrates) 지방의 풍부한 수역에서 강물이 더러워져 일대의 지역 주민들이 전염병의 위기에 처해 있을 때 독자적인 방법으로 강물을 가공하는 방법을 배워 안전하게 마시게 하였다고 전해오고 있다. 인간이 오염으로 인하여 순수한 물을 마실 수 없게 되자 대체 음료를 찾으려 했던 것은 필연적이라 할 수 있다.

1919년에 발견된 스페인의 발렌시아(Valencia)부근 아라니아라고 하는 동굴 속에서 약 1만 년 전의 것으로 추측되는 암벽의 조각에는 봉밀을 채취하는 인물 그림이 있다. 현대의 봉밀은 주로 조미료, 약품 등으로 사용되고 있으나 그 당시에는 농경문화를 갖지 못하였고 수렵에 의해 식생활을 해결했으며 그 주식은 동물의 고기라고 생각할 수 있다.

그 고기도 현재와 같이 조리가공하지 않은 생식을 하고 있었기 때문에 봉밀 그 자체를 마셨거나 물에 타서 마셨다는 기록을 찾아볼 수 있다.

다음으로 인간이 발견한 음료는 과즙으로서 B. C 6000여 년 전 바빌로니아에서 레몬과즙을 마셨다는 기록이 있으며, 그 후 이 지방 사람들은 밀빵이 물에 젖어 발효된 맥주를 발견해 음료로써 마시기도 하였다.

그러나 제품으로서 생산된 것은 19C 말로 스위스에서 사과와 포도를 원료로 한 제품을 예로 들고 있다.

인류가 탄산음료를 발견하게 된 것은 로마시대에 자연적으로 솟아 나오는 탄산가스가 함유된 광천수를 목욕용으로 이용하였으며 그 후 인간이 음용하게 되었다. 천연 광천수에 대한 연구는 16C초 스위스에서 시작되었으며 인공적으로 천연 광천수와 유사한 것을 만들기 위한 연구가 전개되었다. 1772년에는 천연 광천수의 연구 결과가 영국의 조셉 프리스톨리(Joseph Pristry)에 의해 발표되고 탄산가스를 발견하여 인공적인 탄산수의 제조를 시도하게 되었다.

소다수는 식욕증진에 효과가 있으며 소화불량, 결석, 두통 등에 효과가 있다는 것을 알게 되어 18C말 중 탄산소다를 넣어 제조하여 의약품으로 판매되기도 하였다.

또한 목축을 하는 유목민들은 양이나 염소의 젖을 음료로 마셨다. 현대인들이 즐겨 마시는 커피도 A. D 600년경 예멘(Yemen)에서 한 양치기에 의해 발견되어 약재와 식료 및 음료로 쓰이면서 홍해 부근의 아랍 국가들에게 전파되었고 1300년경에는 이란(Iran)에, 1500년경에는 터키(Turkey)까지 전해졌다.

인류가 음료에 있어서 향료에 관심을 갖게 된 것은 그리스나 로마시대부터라고 전해지고 있으나 의식적으로 향료를 사용하게 된 것은 중세기 경으로 십자군의 원정이나 16C경부터 시작된 남양 탐험으로 동양의 향신을 구하게 된 것이 그 동기가 되었다.

그 당시에는 초근목피에 함유된 향신료(spice and bitter)를 그대로 사용하였으나 18C에 와서 과학의 발달과 함께 천연향료나 합성향료가 제조되기 시작하였다.

이와 같이 과정을 지나면서 19C에 접어들어서야 식품산업이 크게 발전하고 음료상품의 다양화와 소비자의 기호에 적합한 여러 가지의 청량음료가 출현하게 되었다.

제2절 음료의 분류

1. 비 알코올성 음료

1) 물

자연계에 강, 호수, 바다, 지하수 따위의 형태로 널리 분포하는 액체이다. 순수한 것은 빛깔, 냄새, 맛이 없고 투명하다. 화학적으로는 산소와 수소의 결합물이며, 천연으로는 도처에 바닷물 · 강물 · 지하수 · 우물물 · 빗물 · 온천수 · 수증기 · 눈 · 얼음 등으로 존재한다.

2) 유제품

우유를 가공해 만든 식품을 통틀어 이르는 말. 우유, 분유, 연유 따위가 있다.

3) 탄산음료

이산화탄소를 물에 녹여 만든, 맛이 산뜻하고 시원한 음료이다. coke, 7-up, soda, ginger ale, tonic이 있다.

4) 주스류

과일이나 야채를 짜서 만든 즙이다. 오렌지, 파인애플, 사과, 토마토, 레몬, 자몽주스 등이 있다.

2. 알코올을 함유한 음료(술)

알코올성 음 료	양조주	· 포도(wine) natural, sparkling / fortified, aromatized · 기타 과실 cider / perry · 곡류(grain) beer, ale, stout, porter / sake(청주) · 기타 pulque(막걸리)
	증류주	· 곡류(grain) whisky / vodka / gins · 사탕수수, 당밀 rum · 용설란(grian) tequila · 과실 brandy · 기타 grape cognac, armagnac / plum : slivovitz / apple jack
	혼성주	· 약초, 향초류, 과실주, 종자수, 칵테일

3. 기호음료

1) Coffee

커피는 독특한 맛과 향을 지닌 기호음료이다. 어원은 아랍어인 카파(caffa)로서 힘을 뜻하며, 에티오피아에서는 커피나무가 야생하는 곳을 가리키기도 한다. 유럽에서는 처음에 아라비아의 와인이라고 하다가 1650년 무렵부터 커피라고 불렀다.

가) 비엔나 커피

비엔나 커피는 오스트리아 빈에서 유래되었으며 3백 년이 넘는 역사를 지니고 있는 커피이다. 차가운 생크림의 부드러움과 뜨거운 커피의 쓴맛과 시간이 지날수록 차츰 진해지는 단맛이 한데 어우러져 한 잔의 커피에서 세 가지 이상의 단계적인 맛을 즐길 수 있다는 점이 비엔나 커피의 매력이다. 스푼으로 젓지 않고 마신다.

나) 카페오레

카페오레는 우유를 넣은 커피로서 보통 에스프레소 같은 진한 커피를 즐기는 유럽인들이 아침에 위의 부담을 줄이기 위해 만들어 마시기 시작하였다. 카페오레처럼 우유를 넣은 커피는 나라마다 이름이 달라 영국에서는 밀크커피, 스페인에서는 카페 콘레체, 이탈리아에서는 카페라테로 불리운다. 여름에는 차게, 겨울에는 뜨겁게 해서 계절에 구애받지 낳고 즐길 수 있는 커피이다.

다) 아이리시 커피

아이리시 커피는 아일랜드의 더블린에서 추위를 덜 느끼려고 마시기 시작했다고 한다. 뜨거운 유리잔에 위스키 약간과 흑설탕에 진한 커피를 2:3으로 섞은 후 위에 휘핑크림을 넣은 후 마시면 된다. 매우 독특한 맛을 느낄 수 있는 커피이다 아일랜드산 위스키나 아이리시 미스트를 넣어 뜨겁고 강렬한 알코올 기운을 느낄 수 있다.

라) 에스프레소

아주 진한 이탈리아식 커피이다. 데미타세라는 조그만 잔에 담아서 마셔야 제 맛을 느낄 수 있다.공기를 압축하여 짧은 순간에 커피를 추출하기 때문에 카페인의 양이 적고, 커피의 순수한 맛을 느낄 수 있다.

마) 마끼아또

에스프레소 우유 거품을 얹어 '점을 찍는다(Marking)'는 의미이며 카푸치노보다 강하고 에스프레소 보다 부드럽다.

바) 카페 라떼

우유를 이용한 대표적인 커피이다. 우유를 따뜻하게 해서 잔에 붓고 따뜻한 커피를 섞는다. 커피와 우유의 비율을 1:2 정도로 섞어 부드럽다. 부드러운 거품의 카페 라떼는 양을 많이 해서 큰 잔에 마시는 것이 특징이다.

사) 카푸치노

에스프레소 위에 거품을 얹은 것이다. 카페라떼보다 우유가 덜 들어가 커피 맛이 더 진하며 전통 이탈리아 커피로서 진한 에스프레소 커피와 우유, 계피향을 더하고 증기를 쐬어 거품을 일으킨 것이다. 레몬이나 오렌지의 껍질을 갈아서 얹기도 한다. 우유보다는 우유거품이 많이 들어가서 거품의 가벼움을 느낄 수 있다.

아) 카페모카

카페라떼에 초콜릿 시럽을 더한 것이다. 단맛이 가장 강한 커피이다. 초콜릿 시럽을 잔에 깔아주고 그 위에 커피를 붓고 데운 우유를 넣고 저어준다. 휘핑크림을 얹고 초코 시럽으로 멋을 낸다.

자) 콘 파나

에스프레소에 휘핑크림을 얹은 것이다. 마키야또와 비슷하지만 덜 달다. 뜨거운 에스프레소 위에 휘핑 크림을 얹기가 쉽지 않아 만들기 힘든 커피이다. 커피에 설탕을 넣고 그 위에 휘핑크림을 얹는다.

차) 아메리카노

에스프레소에 뜨거운 물을 부은 것이다. 레귤러보다 더 연하며 미국에서 많이 마시는 커피와 비슷하다고 해서 붙은 이름이며 Long Black이라 부르기도 한다.

2) Tea

식물의 잎이나 뿌리, 과실 따위를 달이거나 우리거나 하여 만든 마실 것을 통틀어 이르는 말로 차의 종류에 따라 재배지 또한 달라지게 된다. 녹차의 경우는 서늘한 기후가 적당하며 홍차의 경우는 온도가 높은 아열대지역이 수색과 맛이 좋다. 차는 차나무의 어린잎을 원료로 가공하여 만든 음료로 제조 방법이나 시기, 발효 정도, 형태, 지역, 품종, 재배 방법 등에 따라 여러 가지로 분류하고 있다. 발효(醱酵)란 것은 일반적으로 말하는 미생물에 의한 발효가 아니라, 차엽에 함유된 주성분인 폴리페놀(polyphenols)이 폴리페놀옥시데

이스(polyphenoloxidase)란 산화 효소에 의해 산화되어 황색을 나타내는 데아플라빈과 적색의 데아루비긴 등으로 변함과 동시에 여러 가지 성분의 복합적인 변화에 의해 독특한 향기와 맛, 수색을 나타내는 작용을 발효라 한다. 이러한 발효에 따라 발효가 전혀 일어나지 않은 차를(우리 전통녹차) 불발효차, 발효 정도가 10~65% 사이를 반발효차, 85% 이상을 발효차 라고 하며발효가 전처리 공정 뒤에 일어나게 만든 황차나 흑차를 후발효차로 분류하고 있다.

가) 녹 차

녹차는 발효가 되지 않은 불발효차이다. 차잎을 채취한 뒤 바로 쉬거나 증기로 쩌서 엽중 산화 효소를 불활성화시켜 발효가 일어나지 않도록 한 차로서 차의 색상과 수색, 신선한 풋냄새를 그대로 가지고 있다. 차잎과 탕색, 엽저 모두 녹색이다.

나) 홍 차

홍차는 100% 발효된 전 발효차이다. 탕색과 잎이 모두 붉으며 홍차의 카데킨은 수렴성이 적고, 향미가 순하여 뒷맛이 부드럽다.

다) 우롱차

반 발효차인 우롱차는 엽저는 대체적으로 녹색이지만 잎의 가장자리는 붉은 색이다.우롱차의 차잎은 푸른색이 도는 갈색이며 탕색은 맑고 투명한 황색이며 꽃향이 진하게 나는 것이 특징이다.

제7장 술

제1절 술의 이해

제2절 술의 분류

제1절 술의 이해

1. 술의 정의

술이란 전분(곡류), 당분(과실)들을 발효 및 증류시켜 만든 1% 이상의 알코올 성분이 함유된 음료라 정의할 수 있으며, 우리가 술을 마신다는 것은 술의 주성분인 물과 에틸알코올로 마신다는 것이다. 즉 술 속에 포함되어 있는 무색, 무취로 기화성이 특징인 에틸알코올과 맛과 향을 제공하는 미량의 성분들이라 할 수 있다.

2. 술의 역사

오랜 옛날부터 자연발생적으로 생긴 술을 인간이 이용하게 되면서 술의 역사가 시작되었다. 과실, 초목의 즙액(汁液), 봉밀(蜂蜜)과 같은 당분을 포함한 것에는 토양 속에 사는 효모(酵母)가 들어가면 자연적으로 발효하여 알코올을 함유하는 액체 즉 술이 된다. 알코올 발효는 자연계에서는 가장 보편적인 당분의 분해과정이므로 인간의 개입을 필요로 하지 않으며, 이러한 발효산물을 우연한 기회에 사람들이 마신 결과 우리의 기호에 적합하다는 것을 알게 되었고, 따라서 점차적으로 이러한 발효 현상을 터득하고 자기가 원하는 술을 빚어서 마시게 되었다.

술은 인류의 문명과 함께 발전하였으며, 수렵 채취 시대에는 포도주와 같은 과실주가 만들어지고 유목시대에는 가축의 젖으로 젖술[乳酒]이 만들어졌으며, 농경시대부터 곡류를 원료로 하여 녹말을 당화시키는 기법이 개발 된 후에 곡주가 빚어지기 시작하였을 것이다. 그리고 가장 후대에 와서 증류 기술이 개발되고 소주나 위스키와 같은 증류주가 제조되어졌다.

이러한 술에 대한 구체적인 기록을 살펴보면, B. C 6000년에 바빌로니아에서는 축제 때 술이 사용하였고, B. C 4000년에는 약 16종류의 술이 있었다는 기록이 있다. 우리나라의 경우는 언제부터 술을 마시기 시작했는지 정확한 자료는 없으나, 고구려 동명성왕 건국 담에 나오는 음료가 요즘의 막걸리와 비슷한 술이었을 것으로 해석되어, 이 자료를 최초의 기록으로 보고 있다.

3. 양조 및 알코올 발효

술을 만든다고 하는 것은 효모(酵母)를 사용해서 알코올 발효(醱酵)를 하는 것으로 과실 중에 함유되어 있는 과당이나 곡류 중에 함유되어 있는 전분(澱粉)을 전분 당화 효소인 디아스타제(Diastse)로 당화시키고 이에 효모인 이스트(Yeast)를 작용시켜 알코올과 탄산가스를 만드는 원리이다.

알코올 발효란 효모가 당을 섭취하여 알코올(에틸알코올)과 이산화탄소로 분해하는 과정으로 원리를 쉽게 설명하자면 효모가 당분을 섭취하여 자기세포가 살아가기 위하여 당을 분해하고 에너지를 얻는 과정으로 이때 생성되는 분해 부산물이 알코올이다.

즉, 효모는 산소가 있는 환경에서는 당을 소비하면서 번식을 하지만 산소가 없는 상태에서는 알코올을 생성한다. 즉 발효 초기에는 알코올을 생성하기보다는 주로 번식을 하며 산소가 소진되면 비로소 알코올을 생성하는 것이다. 알코올 발효가 진행되면 대부분 에틸알코올과 이산화탄소가 생성되지만 부산물로 300여 가지 이상의 미량 성분들도 생성된다. 메탄올이나 아세트알데히드와 같은 독성물질과 각종 유기산, 퓨젤오일(fusel oil), 에스테르류 등의 맛과 향 성분도 함께 생성되어 술의 맛과 품질을 결정하게 된다.

제2절 술의 분류

1. 식사에 따른 분류

1) 식전 주

식전 주는(Aperitif)는 식사 전에 분위기를 익히거나 식욕을 돋우려 마시는 술이다. 따라서 위액의 분비를 활발하게 촉진할 수 있는 것을 사용하는 것이 좋다.

가) 대표적인 식전 주

끼어(Kir)는 백포도주에 크림 드 카시스를 섞은 술이다. 끼어 로얄(Kir Royal)는 샴페인에 크림 드 카시스를 섞은 술이다. 마카리타(Magarits)는 데낄라와 코안트로, 라임주스를 칵테일 한 술이다.

나) 셰리(Sherry)

스페인 산 백포도주는 담백하며 효모냄새가 약하게 난다. 크림 셰리(Cream Sherry)는 여성에게 잘 어울리는 술이다. 드라이 셰리(Dry Sherry)는 남성에게 잘 어울리는 술이다.

다) 버무스(Vermouth)

와인에 여러 가지 약초와 향료를 넣은 술. 드라이한 프렌치 버무스(French Vermouth)와 달콤한 맛의 이탈리안 버무스(Italian Vermouth)가 있다.

라) 칵테일(Cocktail)

진피즈(Gin Fizz), 톰 콜린즈(Tom Collins), 위스키 샤워(Whisky Sour), 스크류 드라이버(Screw Driver) 등이 있다.

2) 식중 주

식중 주는 메인 음식의 재료와 소스에 어울리는 역할을 한다. 음식의 단점을 보완하여 보다 환상적인 요리의 맛과 기쁨을 주는 촉매 역할을 하는 매개체이다. 식중 주의 선택에 있어 주 요리 소스의 맛과 향을 넘어서는 술은 피하는 것이 좋다. 주는 정찬이며 식사를 위한 것이지 술이 주인공이 아니다. 메인 요리를 마친 후 남은 술은 치즈, 간단한 스낵이나 빵과 먹어도 좋다.

3) 식후 주

식전 주를 식욕 촉진주, 식후 주는 소화 촉진수라고 한다. 식후에 커피나 홍차를 마시고 있으면 웨이터나 소믈리에가 식후 주(After Dinner Drink)주문을 받는다. 이때 시가(Ciger)도 권한다. 일반 가정이 아니고 밖에서 식사를 했을 때는 식사가 끝난 뒤 바(Bar)나 라운지에서 식후 주를 마시는 것이 보통이다. 양식에서 식후 주는 크게 브랜디(Brandy)와 리큐어(Liquor), 강화수(Fortified Wine)로 나뉘는데 브랜디는 남성이 리큐어는 여성이 즐겨 마신다.

2. 알코올음료에 따른 종류

1) 샴페인

프랑스의 샹파뉴(Champagne)지역에서 생산된 스파클링 와인(Sparkling Wine)을 의미한다. 스위트한 것부터 드라이한 것까지 여러 가지 맛이 있으며 제조과정이 까다롭다.

가) 샴페인의 특성

샴페인이란 프랑스의 샹파뉴(Champagne) 지역에서 생산되는 와인에만 붙일 수 있는 이름이다. 이는 법률로 정해져 있다. 샴페인 지역의 고유한 토양

과 포도 품종, 그리고 수세기에 걸쳐 전해오는 이들만의 제조방법의 독창성을 법률로 인정하는 것이다. 유럽연합 국가는 물론 미국에서도 마찬가지로 적용된다. 샴페인은 샹파뉴의 영어식 발음이다.

샴페인은 일반적으로 생산연도가 있는 것과 없는 것으로 구분한다. 특정한 생산연도를 표기하는 빈티지(vintage) 샴페인은 해마다 만드는 샴페인 중에서 특별히 작황이 좋은 해에만 만드는 샴페인이다. 매년 나오는 게 아니라, 보통 10년에 3~5차례 정도 생산된다. 그리고 여러 연도의 와인을 섞어서 만드는 샴페인은 논 빈티지(Non-vintage) 혹은 논 밀레즘(Non-millesme) 와인으로 분류되는데, 전체 샴페인 생산량의 85%를 차지한다.

빈티지 샴페인은 생산량이 많지 않기 때문에 논 빈티지 샴페인에 비해 가격은 조금 비싸다.

샴페인을 만드는 데 사용되는 포도 품종은 모두 3가지다. 샤도네이라는 백포도와 피노 누와와 피노 뮈니에라는 적포도 품종이 있다. 일반적으로 2가지 이상의 포도주를 섞어서 만들지만, 때로는 샤도네이만으로 만드는 경우도 있다. 이 샴페인은 '블랑 드 블랑(Blanc de Blancs)'이라고 부른다. 반대로 적포도로만 만든 샴페인은 '블랑 드 누와(Blanc de Noirs)'라고 한다.

샴페인 이름에 사용되는 '뀌베(Cuvee)'라는 단어의 의미는 첫 번째 압착에서 얻어진 포도즙으로만 만들었다는 것이다. 즉 최고급 샴페인이라는 뜻이다.

샴페인은 일반 와인에 비해 제조 방법이 굉장히 복잡하고 까다로우며 숙성 시간도 다른 와인에 비해 훨씬 길다. 그래서 일반적으로 다른 와인에 비해 비싼 편이다.

나) 샴페인 종류

- 논 빈지티(Non-Vintage, Non Millesime) : 여러 해의 것을 혼합한 것. 대부분의 샴페인(80%)은 이런 타입이다.
- 빈티지(Vintage, Millesime) : 특정 연도의 것. 그 해 수확한 포도가 80% 이상이어야 한다.
- 프레스티지 꾸베(Prestige Cuvee) : 빈티지이면서 장기간 숙성시킨 것으로 고급 생산지역에서 최고의 포도로 만들어야 한다. 그리고 첫 번째 짠 주스만으로 만든다. 수량이 적어서 값이 비싸다. Cuvee Speciale(꾸베 스페시알)이라고도 한다.

↘ 고급 샴페인의 기준

- 1등급 포도밭에서 생산된 가장 좋은 포도를 사용할 것
- 포도에서 즙을 짤 때 첫 번째 나오는 주스만 사용할 것
- 병에서 오랫동안 숙성 시킬 것
- 빈티지가 표시된 샴페인
- 샴페인을 글라스에 채웠을 때 기포의 크기가 작을 것, 기포가 올라오는 시간이 오래 지속될 것
- 와인 자체가 수정같이 맑고 윤기가 있을 것

다) 샴페인 마시는 방법

샴페인은 잔에 따를 때는 7~8도 정도가 최적의 온도이고, 입에 들어갈 때는 10도 정도가 가장 좋다. 샴페인은 물과 얼음을 채운 아이스 버킷에 30분

이상 담아 두어 충분히 차갑게 한 후 마시는 게 좋다.

또한 샴페인은 충분히 냉각시키지 않으면 코르크를 열 때 굉장히 높은 압력에 의해 튕겨져 나갈 수가 있고, 이럴 경우 샴페인도 많이 넘치게 되므로 주의해야 한다. 흔히 샴페인을 흔들어 요란한 소리와 거품을 내는 경우가 있는 데 이건 바른 방법은 아니다. 샴페인은 차갑게 해서 조용하게 열어야 한다.

라) 샴페인과 어울리는 음식

샴페인은 달걀이나 버섯요리와 궁합이 잘 맞아서, 오믈렛이나 삶은 달걀에 마셔 보면 그 맛이 일품이다.

샴페인이 제일 많이 서빙 되는 경우는, 식전에 식욕을 돋우기 위하여 마시게 되는 아페리티프(Aperitif) 용도이다. 크고 작은 각종 모임에서 본 식사 전에 웨이터들이 서빙 하는 Hor d'oeuvres나 스낵용 스시와 함께 하는 한 잔의 샴페인은 식욕을 돋우는데 자주 사용 된다. 또한 식사 시작과 함께 하는 최초의 와인으로, 건배를 하거나 어울리는 appetizer에 한두 잔 곁들이면 좋다.

특히 샴페인은 생선회는 물론 굴, 홍합, 새우, 관자요리 같은 해산물과 아주 좋은 궁합을 이루며, 버섯, 오이, 아스파라가스 등과 같은 채소류와도 좋은 배합이 된다. Prestige Cuvee 급의 샴페인에는 거위간이나 캐비아가 적극 추천되는데, 이때 캐비아는 소금 간이 적은 종류가 좋다. 종종 캐비아와 함께 서빙되는 양파 다진 것과 레몬은 샴페인의 신맛과 향이 상충 되므로 피하는 것이 좋다.

샴페인과 어울리는 치즈로는, 숙성이 잘된 Cheddar나 Gouda, Edam 치즈가 있다. 소프트한 치즈로는 Brie, 염소치즈인 Chevre 등이 있는데, 이들 향이 강한 치즈에는 되도록이면 향이 좋은 Vintage 샴페인이 좋다.

이 밖에도 아몬드나, 볶지 않은 땅콩종류의 견과류는 가벼운 안주 감으로 사용된다.

식사와 함께 하는 샴페인은 음식의 종류에 따라 달라지게 되는데, 일반적으로 샴페인은 굽거나 삶은 생선요리에는 광범위하게 어울리며, 특히 연어나 송어 같은 구이요리와 Vintage 샴페인은 서로의 맛을 상승시키는 긍정적인 효과가 있다.

이탈리안 음식 중에서는, 해물이나 크림소스를 얹은 파스타 요리에 어울리나 토마토소스를 곁들인 것은 샴페인과 음식의 산성분 및 향이 서로 충돌하므로 권하지 않는다.

육류요리에는 향이 강한 Rose 샴페인이 많이 추천되기도 한다. 그러나 붉은 색의 육류요리에는 적포도주가 샴페인보다 선택의 범위도 넓을 뿐만 아니라, 더 잘 어울리는 경우가 많다. 특별히 샴페인을 마셔야 하는 환경이 아니라면, 되도록 적포도주를 권하도록 한다.

마늘이나 향신료가 특히 많이 들어간 음식에는 샴페인과 잘 어울리지 않는다.

샴페인을 단 성분이 많은 디저트와 함께 하는 것은 되도록 피하고 딸기와 같은 신신한 과일과는 무난히다.

2) 위스키(whiskey)

보리, 밀, 수수 따위의 맥아에 효모를 넣어 발효시킨 후 이를 증류하여 만든 술이다. 알코올 함유량은 41~61%이며 영국산 스카치위스키가 세계적으로 유명하다

가) 증류방법에 의한 분류

① Pot Still Whisky

포트 스틸로 증류시켜 만든 위스키를 말한다. 포트 스틸 증류기는 아주 옛날부터 사용되어온 재래식 증류기로서 비교적 구조가 간단하다. 이것은 단 한 번에 맑고 깨끗하면서도 높은 알코올을 얻을 수가 없으므로 두 세 번은 증류를 해야만 높은 알코올을 얻을 수 있다. 그리고 향이 좋은 위스키를 얻고자 한다면 이 재래식 방법으로 증류하는 것이 좋다. 몰트 스캇치 위스키나 아이리쉬 몰트 위스키가 여기에 속한다.

② Patent Still Whisky

패턴트 스틸로 증류시켜 만든 위스키를 말한다. 패턴트 스틸은 19세기에 만들어진 증류기로서 높은 알코올을 대량으로 생산할 수 있어 원가가 싼 장점은 있으나 향이 거의 없는 순수한 알코올을 가까운 것이 단점이다. 그러나 지금은 헤비한 것보다 라이트한 것을 좋아하는 경향이기 때문에 포트 스틸로 만든 헤비한 위스키보다 더 많은 인기를 끌고 있다.

아메리칸 위스키나 캐나디언 위스키가 여기에 속한다.

나) 원료에 의한 분류

① Malt Whisky

엿기름(Malt)만을 사용하여 만든 위스키로서 향이나 맛이 진한 것이 특징이다. 그러나 엄격히 따지면 보리로 만든 엿기름을 사용해야 되며 포트 스틸로서 증류를 해야만 몰트 위스키라고 할 수 있다. 몰트 스캇치 위스키나 아이리쉬 몰트가 여기에 속한다.

② Grain Whisky

여러 가지 곡물을 사용하여 만든 위스키로서 엿기름은 단지 곡물을 당화시키는 역할만 한다. 주로 옥수수, 밀, 호밀 등의 곡물이 사용되며 패턴트 스틸을 사용하여 증류를 하기 때문에 향이 좋다고 표현할 수는 없다. 미국과 캐나다에서 생산되는 위스키는 거의 여기에 속한다.

③ Blended Whisky

두 가지 종류 이상의 위스키를 섞어서 만든 위스키로 지금 현재 생산 판매되고 있는 위스키의 대부분이 여기에 속한다. 블렌디드 스카치위스키나 아메리칸 블렌디드 위스키 등이 있다.

다) 생산지별에 의한 분류

① Scotch Whisky

스카치위스키란 스코틀랜드에서 생산되는 위스키를 말하며 다른 지역에서 생산되는 위스키나 알코올 등이 전혀 섞이지 않아야 한다. 스코틀랜드는 잉글랜드의 북단에 위치한 울퉁불퉁한 땅으로서 북쪽은 언덕과 바위투성이인 반면 남쪽은 평평하고 습한 나라이다. 스코틀랜드인들은 이러한 스코틀랜드에서 좋은 위스키가 나오게 되는 이유는 하이랜드의 맑고 깨끗한 물 때문이라고 말한다. 그래서 좀 더 엄격히 말하자면 스카치위스키는 스코틀랜드에서 생산되는 보리와 물 그리고 피트탄 등이 사용되어야만 스카치위스키라고 말할 수 있다.

약 160년 전 연속식 증류기가 발명되기 전까지는 몰트 위스키를 판매하였으나 연속식 증류기가 발명된 이후에는 몰트 위스키와 그레인 위스키로 각각 분업되어 만들어지다가 약 140년 전부터 이 두 가지를 섞어 만든 블렌디드 위스키가 만들어져 위스키 산업이 크게 발전하였다.

스카치위스키의 특징은 엿기름을 건조할 때 피트를 사용하는 것과 쉐리를 담은 헌 참나무통에 정장함으로써 독특한 스모키 향이 나오는 것이라고 할 수 있다.

이러한 스카치위스키는 아래와 같이 크게 3가지로 나눈다.

↘ 몰트위스키(Malt Whisky)

몰트위스키는 보리로 만든 엿기름만을 사용하여 만든 위스키로서 엿기름을 건조시키는 과정에서 피트탄을 사용하는 것이 특징이다. 또 이 피트향을 가진 엿기름을 단식 증류기(Pot Still)로 증류하여 화이트 오크통에다 최소한 3년 이상을 저장 숙성시킨 위스키를 말한다.

저장 숙성할 때는 헌 쉐리통을 사용하는데 이것은 비교적 중립적이고 주정에 거의 향을 첨가하지 않으며 위스키 특유의 몰트한 특성이 밖으로 드러나도록 한다.

또한 좋은 위스키는 오로로소(Oloros)나 크림 쉐리를 담았던 통에다 저장 숙성을 시킨다.

이 결과 몇 년이 지난 후에는 통 안쪽에서 굉장한 양의 다양하고 풍부한 향을 흡수한 짙은 색의 주정이 만들어진다. 이렇게 하여 라이트하고 드라이하면서도 우아한 타입의 위스키가 나오는가 하면 달콤하고 풍부한 위스키가 만들어지기도 한다.

↘ 그레인 위스키(Grain Whisky)

곡물을 주원료로 하여 만든 위스키로서 이 자체만은 판매하지 않으며 이것은 단지 라이트한 위스키를 만들기 위하여 거의 대부분이 몰트 위스키와 섞는 데만 사용된다.

주로 옥수수, 호밀, 밀 등의 곡물을 사용하여 엿기름으로 당화, 발효시킨 후 연속식 증류기를 사용하여 만든다. 몰트 위스키와 같이 맛이나 향이 진하지 않고 소프트하면서 마일드하며 개성은 거의 없는 것이 특징이다. 저장숙성은 하지만 그렇게 오래하지는 않고 약 4~5년 정도로 끝낸다.

↘ 블렌디드 위스키(Blended Whisky)

현재 생산 판매되고 있는 대부분의 위스키는 이 블렌디드 위스키이다. 이것은 몰트 위스키와 그레인 위스키를 섞어서 만들며 블렌드 하는 몰트 위스키의 맛에 따라 그 맛이 좌우되며 몰트 위스키가 나쁘면 아무리 좋은 그레인 위스키를 사용해도 좋은 블렌디드 위스키를 만들 수가 없다. 이 위스키의 특징이라면 몰트 위스키와 그레인 위스키를 어느 정도의 비율로 섞느냐에 따라 달라지며 그것은 각각의 회사마다 다르다. 그러나 일반적으로 블렌디드 위스키는 크게 스탠다드 제품과 디럭스 제품으로 나눌 수 있으며, 스탠다드 제품은 현대인들의 라이트 한 맛을 충족시키고자 몰트 위스키를 적게 사용하는 경향이다. 이와는 반대로 디럭스 제품은 스탠다드 제품보다 몰트 위스키를 많이 사용하여 만든다.

② Irish Whisky

아이리쉬 위스키란 아일랜드에서 만들어지는 위스키를 총칭하며 위스키의 역사는 스코틀랜드보다 더 오래 되었고 오늘날 인기를 끌고 있는 스카치위스키와 함께 많은 사랑을 받고 있는 위스키 중의 하나이다. 아이리쉬 위스키의 원료는 엿기름의 비중이 많이 차지하며 이외에 보리, 호밀, 밀 등을 사용하고 스카치위스키와 같이 피트탄에서 나오는 스모키한 향은 없다. 증류할 때도 스카치위스키는 두 번을 하지만 아이리쉬 위스키는 대형 단식 증류기를 사용하여 세 번 증류한다. 첫 번째 증류에서 거칠은 증류액을 만들고 이것을 다시 증류솥에 넣고 두 번째 증류를 한다. 이때 먼저 나오는 알콜 도수가 강한 증류액은 세 번째 증류솥에 넣고 나중에 나오는 알콜 도수가 낮은 증류액은 첫 번째 증류솥으로 다시 돌려보낸다. 세 번째 증류할 때 스카치위스키와 마찬가지로 처음과 맨 나중의 증류액을 제외한 중간 부분만을 통에 넣어 저장숙성 한다. 이렇게 만들어진 것을 아이리쉬 스트레이트 위스키라고 부르며 3년 이상 저장숙성을 해야만 된다. 몰트 스카치위스키에 비하여 피트향은 없고 맛은 가볍지만 그래도 라이트한 맛을 좋아하는 현대인에게는 진하다고 볼 수 있다. 그래서 1970년대부터 그레인 위스키와 섞어 보다 더 라이트한 위스키를 생산하기 시작한다. 아이리쉬 위스키는 다른 위스키와는 달리 오래 저장 숙성하면 할수록 맛이 더 좋아진다 하여 외국의 많은 사람들이 선호하고 있다. 다른 위스키처럼 아이리쉬 위스키도 온 더 락스 또는 물이나 소다수와 함께 섞어 마시는데 그 맛은 부드럽고 따뜻하며 땅콩 같은 향기를 가진다. 물론 아이리쉬 위스키와 가장 잘 어울리는 것은 커피이며 스트레이트 그 자체만으로도 충분히 즐길 수가 있다.

③ American Whisky

아메리칸 위스키란 미국에서 생산되는 모든 위스키를 총칭하며 짧은 미국의 역사와 함께 위스키 또한 역사가 그렇게 길지는 않다. 먼저 미국에서는 위스키보다도 과실을 사용한 브랜디나 당밀을 사용한 럼 등의 일반 증류주가 주류를 이루었다.

특히 이 럼은 그 악명 높은 노예 삼각지인 아프리카와 카리브해, 뉴잉글랜드를 기점으로 행해진 “삼각무역”에 의해 직접 나타났으며, 이것은 또한 후에 식민 혁명을 위한 모집 장소로 이용되던 술집들의 설립에도 영향을 끼쳤다.

이 후 1700년대 초 종교적인 박해와 되풀이되는 기아와 임금의 폭락으로 스코틀랜드나 북아일랜드에서 많은 이민자들이 건너왔다. 이들은 서 펜실베이니아에 정착했으며 곡식을 재배하고 위스키를 제조하였다.

독립전쟁 후 재무장관의 기금 마련을 위한 제안 중의 하나가 바로 주세였는데 이 때문에 주세법이 통과될 때까지 폭동과 함께 많은 사건들이 일어났으며 마침내 1794년 서 펜실베이니아에서 반란이 일어나게 되었다.

그러나 결과는 반란군의 패배였으며 패배한 농부 반란군들은 그들의 가족과 증류기를 마차에 싣고 세금 징수관이 찾을 수 없는 곳으로 이주하였다.

이렇게 하여 버번 지역에 첫발을 들여놓게 되고 이 거대한 지역이 후에 켄

터키의 북부 중심 공원이 되었으며 풍부하고 깨끗한 물과 깨끗한 공기 덕분에 버번 지역에서는 양조업이 번창하였다.

연방세는 1802년에 폐지되었고 1814년부터 3년 동안 다시 부활되었지만 1817년부터 1862년이래 다음 세금이 제정될 때까지 미국 위스키는 황금시대를 맞았다.

켄터키, 테네시 등 다른 주에서도 양조장이 생겨나고 옥수수, 밀 등에서 감미롭고 향긋한 지방 특유의 위스키를 발달시켰다.

이후 산업 혁명과 남북 전쟁 등을 겪으면서 위스키는 미국인들의 일부분이 되었고 여러 가지 술들을 즐기기 시작했다.

이 때문에 금주운동이 펼쳐지고 이것이 대중들의 공감을 얻어 드디어 정치적 행동을 유발시켰다.

금주법이 국회에서 통과함으로써 1920년부터 1933년까지 일체 술을 만들지도 마시지도 못하게 되었다.

그러나 결과는 밀조와 밀매가 성행하여 거대한 이익을 올린 마피아의 세력 확대만 조장하게 되었고 음주의 억제에는 큰 효과가 없었다. 이 때 밀조업자들이 달이 밝은 곳에서 밀조를 하였다 하여 밀조업자는 "문 샤이너(Moon Shiner)"라 하고 밀조주는 "문 샤인(Moon Shine)"이라고 불렀다.

금주법이 해제 된 후에는 캐나디언 위스키가 미국을 휩쓸게 되었고 아메리칸 위스키의 증류법도 효율을 놓인 연속식 증류기로 바뀌었다. 아메리칸 위스키의 증류법도 효율을 놓인 연속식 증류기로 바뀌었다.

이렇게 하여 미국의 위스키는 증류법, 숙성법이 독자적인 발달을 이루어 스캇치 위스키나 아이리쉬 위스키와는 또 다른 형태의 위스키로 태어났다.

라) 위스키를 즐기는 방법

① Straight

Whiskey 는 강한 개성으로 인하여 Straight 로 마신다. Straight 로 마실 때 가장 애호되는 종류가 Malt Whiskey 이며 Whiskey 특유의 풍미를 만끽 할 수 있다.

② On the rocks

Whiskey는 얼음과 함께 마시기도 하며, 주로 Blended Whiskey 가 이용된다.

③ Cocktail

Manhattan, Whiskey Sour, Bourbon coke 등의 Base 로 사용된다.

3) 브랜디(Brandy)

포도주나 과일을 증류해 만든 것의 총칭으로 체리나 복숭아, 사과 등의 증류해 만든 브랜드 앞에 과일 이름을 붙여준다. 식후 주 중 가장 애용되는 것은 브랜디(Brandy)라 할 수 있다. 알코올 성분이 40~43도나 되는 강한 술이다.

가) 브랜디의 등급과 숙성연수

- Star(1~5급) : 숙성기간 2년 정도
- Three Star(☆☆☆) : 숙성기간 3년 정도
- V.O(Very Old) : 숙성기간 12~15년 정도

- V.S.O(Very Superior Old) : 숙성기간 15~20년 정도
- V.S.O.P(Very Superior Old Pale) : 25~30년 정도
- Napoleon : 30~40년 정도
- X.O(Extra Old) : 40년 이상
- Extra : 70년 이상 숙성

나) 브랜디의 명산지

- Cognac[꼬냑] 지방 : 프랑스 Cognac 지방에서 생산되는 Brandy를 Cognac 이라고 한다.
- Armagnac[아르마냑] 지방 : 프랑스 Armagnac 지방에서 생산되는 Brandy
- Calvados[깔바도스] 지방 : 프랑스 북부 노르망디에 있는 Calvados 지역의 특산물로써 사과로 만든 Brandy

다) Brandy를 즐기는 방법

- Cocktail 용으로 많이 쓰이지 않음.
- Coffee에 넣어 마시기도 하고, 특히 요리에 많이 쓰임.
- 식사가 완전히 끝난 후 식후 주로 많이 애용되며 이때에는 Brandy 특유의 향을 즐길 수 있도록 입구가 좁고 배가 부른 Tulip 모양의 잔에 담아(1oz 정도) 상온에서 주로 Straight로 마신다.

4) 코냑(Cognac)

프랑스의 코냑(Cognac) 지방에서 생산되는 브랜디이다.

가) 코냑의 등급

브랜디는 숙성기간이 길수록 품질도 좋아진다. 품질을 구별하기 위해서 여러 가지 문자나 부호로써 표시하는 등급이 있다. 코냑브랜디에 처음으로 별표의 기호를 도입한 것은 1865년 헤네시(Hennessy)사에 의해서이다. 이러한 브랜디 등급표시는 각 제조회사마다 공통된 문자나 부호를 사용하는 것은 아니다.

- 머리글자(Initial) : V -Very, S-Superior, O-Old, P-Pale, X-Extra
- Pale : 어떠한 첨가불, 즉 캐러멀을 넣지 않았다는 뜻이 담겨 있다. 프랑스에서 만들기 시작했는데도 머리글자를 영어로 표기한 것은 영국의 상류층에서 음용되었기 때문에 영어로 표기하여 수출한데서 유래한다.

나) 코냑 마시는 법

- 코냑은 일반적으로 체온을 이용해 마신다.
- 잔에 넣은 채로 살짝 알코올램프에 데워 마셔도 좋다.
- 잔을 흔들어 코냑이 안에서 파도치게 한 후 둘째와 셋째 손가락으로 잡

고 손바닥의 온기로 코냑을 데우면서 아주 조금씩 색과 향과 맛을 눈과 코와 혀로 음미하면서 마신다.

5) 맥 주

맥주는 양조주이며 85%이상의 비중을 차지하는 물과 보리를 싹틔워 만든 맥아(麥芽)로 맥아즙을 만들고 여과한 후 홉(hop)을 첨가하여 맥주효모균으로 발효시켜 만든 알코올을 함유한 음료이다.

맥주는 사용 효모형에 따라 상면발효(上面醱酵)맥주와 하면발효(下面醱酵)맥주로 크게 나누며, 상면발효맥주는 영국에서, 하면발효맥주는 독일에서 발전되었다. 현재는 독일・미국・일본・한국 등에서는 대부분 하면발효를 하고 있으나 영국에서는 아직도 상면발효의 에일・스타우트(stout)・포터 등이 생산된다.

맥주색의 농담에 따라 농색(濃色)맥주, 담색(淡色)맥주, 중간색맥주 등으로 분류하기도 하는데, 하면발효맥주 중에서는 뮌헨비어(MünchenBier)가 대표적인 농색맥주이며, 상면발효에서는 영국의 포터・스타우트 등이 농색맥주로 유명하다.

담색맥주로는 하면발효에서 필센(Pilsen)과 도르트문트(Dortmund)가 잘 알려져 있고, 영국의 페일에일(pale ale)・마일드에일(mild ale)이 상면발효 중 여기에 속한다. 이 밖에도 제조법이나 지방에 따른 분류가 있다.

가) 맥주의 분류

① 상면발효(上面醱酵) 맥주

↘ 에일(Ale)

에일맥주는 상면 발효 효모에 의하여 실내온도와 가까운 온도(18~21도)에서 발효되는 것이다. 종류에는 비터, 패일에일, 포터, 스타우트, 발리와인,

트래피스트, 램벅, 알트, 브리티시 아이스레스 등이 있다.

↘ **스타우트(Stout)**

에일 맥주의 전통적인 종류 중 하나로, '포터'의 열풍을 이은 계승자이다. 대체로 매우 짙은 색깔의 진하고 홉 맛이 많이 나는 쓴 에일 맥주인데, 드라이한 맛과 위쪽의 두꺼운 맥주 거품, 훌륭한 곡물 맛은 짙게 구운 보리와 엿기름 물의 멋진 배합의 결과이다.

↘ **포터(Porter)**

영국의 대표적인 맥주로 맥아즙 농도, 발효도, 호프사용량이 높은 강하고 진한 흑맥주이다. 이것은 센 물 보다는 연한 물을 사용하며 런던 지방에서 즐겨한다. 스타우트(흑맥주)가 이것의 대표적인 종류이다.

② 하면발효(下面醱酵)맥주

↘ **라거(Lager)**

라거는 발효 효모에 의하여 낮은 온도(2-10도)와 긴 발효기간(길게는 몇 개월)을 통해 바닥에서 발효되는 것이다. 이런 발효과정을 라거링 과정이라 한다.

↘ **뮌헨(Munchener)**

센물을 양조 용수로 사용하여 맥아향기가 짙고 감미로운 맛이 나는 대표적인 농색 흑맥주이다.

↘ **필 젠**

담백하고 산뜻한 맛과 쓴 맛이 강한 맥주이다.

③ 기타 맥주

↘ 복(Bock)

복 맥주는 독일에서 유래한 라거 맥주의 일종이다. 복 맥주는 보통 알코올 도수가 높고 맥아가 많이 함유된 진한 맥주이며 겨울 내내 오랜 라거링 과정을 거침으로서 충분히 숙성되어 씨앗을 뿌리는 봄에 즐기는 맥주이다. 종류는 맑은 것(Hells), 어두운 것(Dunkles) 그리고 두 배 정도 도수가 높은 더블 복 맥주(Double Bock)가 있다.

↘ 드라이(Dry)

드라이 맥주는 일본에서 개발 되었는데 옥수수나 쌀의 당분을 첨가하여 완전히 발효시킴 으로서 단맛이 적고 뒷맛이 없이 깨끗한 것이 특징이다.

↘ 슈퍼 드라이(Super Dry)

보통맥주보다 1도가 높은 5도로 단맛이 거의 없는 담백한 맥주이다.

↘ 아이스(ice)

아이스맥주는 온도를 낮추어 맥주 안의 물이 얼어서 여과함으로서 얼음 결정과 함께 찌꺼기를 거른다. 이 방법에 의하여 물이 알코올보다 먼저 얼어서 여과되므로 알코올 도수가 높아지게 된다.

↘ 프리미엄(Premium)

양질의 원료를 사용한 고급맥주를 말하고 알코올 함유량이 5% 정도로 대표적인 맥주는 하이네켄이 있다.

↘ 샌디(Shandy)

맥주와 레몬 향을 혼합하여 알코올 함유량이 1~2도 정도인 저알코올 여성

맥주이다.

나) Beer를 즐기는 방법

맥주는 탄산가스의 청량감을 즐길 수 있도록 차게 마시는 것이 좋다. 그러나 너무 차면 맛을 제대로 느낄 수 없고, 온도가 높으면 맥주의 탄산가스가 모두 증발해 버리고 거품이 많이 나오므로 적당히 차게 해서 마셔야 한다.

맥주의 생명은 “거품”이므로 거품과 함께 마신다. 거품은 탄산가스의 유출을 방지하여 계속 신선한 맛을 유지시켜주는 역할을 한다.

6) 칵테일

칵테일은 일반적으로 알코올음료에 또 다른 술을 섞거나 혹은 과즙류나 탄산음료 또는 향료 등의 부재료를 혼합하여 만들며 맛, 향기, 색채의 세 가지 요소의 조화를 살린 예술적 감각의 음료라고 말할 수 있다.

가) 칵테일의 역사

칵테일(Cocktail)은 술과 여러 종류의 음료, 첨가물 등을 섞어 만든 혼합주이다. 사람의 기호와 취향에 맞추어 독특한 맛과 빛깔을 낼 수 있다. 명칭은 여러 가지 설이 있지만, 1795년쯤 미국 루이지애나주 뉴올리언스에 이주해온 페이쇼라는 약사가 달걀 등을 넣은 음료를 조합해서 만들어서 프랑스어의 coquetier라고 부른 데서 비롯되었다는 설이 유력하다. 혼합한 술에 닭 꼬리깃털(cock-tail)이 올려져 만들어진 단어라는 등의 설이 있다. 혼성음료를 만드는 습관은 미국에서 시작된 것이 아니고 인도나 페르시아에서 펀치라는 혼성음료를 만들었다. 그것이 결국 에스파냐사람에 의해 유럽으로 전파됐다고 한다.

① 고대

맥주에 벌꿀이나 과즙을 타서 마셨고 로마시대 에는 포도수에다 눌을 타서 마셨다. 이렇게 간단하게 섞어서 마신 원시적인 방법이 칵테일의 시작이며 이때는 쉐이커나 믹싱 글라스 등의 기구를 사용한 것이 아니라 그냥 재료를 섞어서 맛을 변화시켜 마신 것이 전부였다.

② 당나라

당나라에서는 와인에 마유 등을 섞은 유산음료였고, 중세에는 추위를 이기기 위하여 향료를 섞어 뜨겁게 마셨으며 이때까지 양조주만을 주재료로 하여 섞어 마시던 것이 중세에 들어 연금술사들이 만든 증류주로 인하여 믹스드 드링크에도 큰 발전이 시작되었다.

③ 17세기 & 18세기

아락에 설탕, 물, 라임, 향료를 섞은 펀치가 만들어졌고 18세기 중반에 들어서서 칵테일이라는 이름을 사용한 혼합 음료를 마시게 되었다.

④ 19세기

제1차 세계 대전 때 미군들이 유럽에 보급시켰고 19세기 초반 미국의 금주법 시대 때 일자리를 잃은 많은 바텐더들이 유럽으로 건너가서 유럽에 칵테일을 활성화 시켰다. 얼음을 사용한 칵테일이 대중화된 것은 19세기 후반 독일의 카알 폰 린데가 인공 제빙기를 개발하면서이다. 한국은 8·15 광복과 함께 서양 문물이 들어오고 6·25전쟁 이후 미군들에 의해서 칵테일이 서서히 보급되기 시작하여 오늘날에 이르고 있다.

나) 칵테일 제조법

Name	Ice	Base	Quantity	Mixer	Garnish	Mixing
Scotch Soda	O	Scotch Whisky	1oz	Soda Water		stir
Bourbon Coke	O	Bourbon Whisky	1oz	Coke		stir

C.c- 7 up	O	Canadian Club	1oz	7-up		stir
Vodka Tonic	O	Vodka	1oz	Tonic Water		stir
John Collins	O	Bourbon Whisky	1oz	Lemon / J 03.oz, Soda Water	Lemon / S Cherry	설탕 1teaspoon을 넣고 잘 저은 후 얼음이 든 새 컵에 붓고 Soda Water를 채운다.
Gin Tonic	O	Gin	1oz	Tonic Water	Lemon / S	stir
Gin Fizz	O	Gin	1oz	Lemon / J 03.oz, Soda Water	Lemon / S	설탕 1teaspoon을 넣고 잘 저은 후 얼음을 넣고 차게 하여 얼음 3~4개를 넣은 글라스에 strain 한 후 소다수를 채운다.
Orange Blossom	O	Gin	1.5oz	Orange / J 1.5oz		sugar 1/2 teaspoon을 넣고 잘 저은 후 얼음을 넣고 차게 하여 strain 한다.
Seoul Love	X	Vodka	1oz	Guava / J 2oz, Lime / J 1oz	Lemon / S Cherry	stir
Screw Driver	O	Vodka	1oz	Orange / J	Orange / S	stir
Tom Collins	O	Gin	1.5oz	Lemon / J 03.oz, Soda / W	Lemon / S Cherry	sugar 1/2 teaspoon을 넣고 잘 저은 후 얼음을 넣고 차게 하여 얼음 3~4개를 넣은 글라스에 strain 한 후 소다수를 채운다.
Whisky Sour	O	Blended Whisky	1oz	Lemon / J 0.3oz	Lemon / S Cherry	설탕 1teaspoon을 넣고 잘 저은 후 얼음을 넣고 차게 하여 strain 한다.

Bloody Mary	X	Vodka	1oz	Tomato / J	Lemon / S	Worcestershire Souce와 Hot Source 2~3방울, Salt, Pepper를 첨가하여 stir한다.
Martini	O	Gin	1.5oz	Dry Vermouth	Olive	Dry로 주문시에는 Gin 분량을 늘리고 Straight로 주문시에는 Strain하여 W/G에 서비스한다.
Manhattan	O	Bourbon	1.5oz	Sweet Vermouth 0.7oz	Cherry	Straight로 주문시에는 Strain하여 W/G에 서비스한다.

7) GIN

가) 진(GIN)의 특성

증류주인 동시에 혼성주이다. 숙성시키지 않는 술이다. 약용으로 쓰이던 술이다. 산뜻하게 퍼지는 향기의 신선함과 청량감을 느낄 수 있다. Martini, Tom Collins, Gin Tonic, Gin Fizz의 칵테일 재료로 유명하다.

나) 진(GIN)의 종류

런던 드라이진(London Dry Gin)은 주니퍼(Juniper) 열매와 오렌지 껍질 등의 원료를 혼합한 후 다시 증류해서 만드는 술이다. 일반적으로 거의 달지 않고 40도 정도 이거나 그 보다 조금 높은 도수를 가지고 있다.

① 탱퀴레이(Tanqueray Gin), 탱퀴레이 넘버10(Tanqueray Number 10), 탠퀴레이 랑퍼(Tanqueray Rangpur Gin) : 프레미엄급 진
② 비피터(Beefeater Gin) : 맛을 내기 위한 9가지 원료(주니퍼(Juniper), Angelica 뿌리 Angelica 씨, 미나리과 식물인 고수(Coriander) 씨, 감초, 아몬드, 흰붇꽃(Orris) 뿌리, 세빌(Seville) 오렌지, 레몬 껍질)를 하루 동안 내추럴 스피릿에 재워놓은 다음 8시간동안 증류해서 만든다. 프레미엄급 진
③ 봄베이(Bombay), 봄베이 사파이어(Bombay Sapphire) : 프레미엄급 진
④ 부쓰(Booth's Gin)
⑤ 헨드릭스(Hendrick's Gin) : 전통적인 주니퍼 이외에 불가리아 장미와 으깬 오이도 원료이다. 프레미엄급 진
⑥ 부들스 브리티쉬 진(Boodles British Gin)
⑦ Bulldog Gin, Martin Miller's Gin(프레미엄급 진), Whitley Neill Gin(슈퍼 프레미엄급 진)
⑧ 씨그램진(Seagram's Gin, 캐나다)이나 고든스진(Godon's Gin, 미국)같이 미국과 캐나다에서도 생산된다.

네덜란드 진(Holland Gin)은 Jenever, Junever, Genievre, Genever, Jeniever, Peket 등의 다양한 이름으로 북유럽 지역에서 불리고 있다. 영어로는 Holland Gin 혹은 Jenever로 불린다. 주조의 재료 등은 런던 드라이진과 거의 같으며, 네덜란드 진은 맛을 내기위한 원료를 첨가한 뒤 다시 증류하지 않는다. 런던 드라이진에 비해 단맛을 가지고 있고 네덜란드, 벨기에 등에서 주로 생산되

지만 다른 지역에서는 플리머스(Plymouth Gin), 다른 드라이진과 다른 홀란드 진에 더 가깝다.

다) Gin 을 즐기는 방법

Gin 은 Straight 로 마시기도 하지만, Cocktail 의 부재료로 쓰이기 시작하면서 폭발적인 인기를 얻게 되었다. 유명한 Dry Martini를 비롯하여 Tom Collins, Gin fizz 등 각종 Cocktail로 즐긴다.

8) VODKA

가) 보드카(VODKA)의 특성

감자, 호밀, 옥수수 등의 곡류를 사용하여 만든 러시아의 대표적인 증류주이다. 알코올 농도는 45~50도이다. 숙성과정을 거치지 않아 생산비가 저렴하다. 무색, 무취, 무미의 순수한 알코올에 가까운 맛을 지니고 있다. 칵테일의 base로 사용된다.

나) 보드카(VODKA) 브랜드

- 미국 : Smirnoff, Nikolai, Bolzoi
- 영국 : Gilbey's, Gordon's
- 스웨덴 : Absolut
- 캐나다 : Silhouette
- 네덜란드 : Bolskaya
- 덴마크 : Danzka
- 핀란드 : Finlandia
- 체코 : Zubrovka
- 폴란드 : Spirytus
- 러시아 : Gzhelka-vodka, Moskovskaya-vodka, Stolichnaya-vodka, Navigator-vodka, Pshenichnaya-vodka, Slavyanskaya-Rye-vodka, Russian-Standard-vodka, Pskovskaya-vodka.

다) Vodka 즐기는 방법

맛이 강한 Appetizer와 함께 Freezing시켜 소량(1oz)으로 마시는 것이 전통적인 방식이다. 무색, 무취한 특성 때문에 어떤 종류의 술과도 잘 어울리므로 Screw Driver, Bloody Mary 등 여러 가지 Cocktail로 즐길 수 있다.

9) RUM

가) 럼(RUM)의 특성

- 당밀이나 사탕수수의 즙을 발효시켜서 증류한 술이다.
- 증류회사마다 독자적인 향의 럼을 만들며 5년 정도 지나 럼이 된다.
- 본래는 무색이지만 성숙과정을 거치면서 연한 갈색으로 변한다.

나) 럼(RUM)의 분류 및 제조과정

원료는 사탕수수(Sugar cane)를 사용한다.

- Light Rum(white) : 풍미가 가벼우며 칵테일로 많이 쓰인다.
  사탕수수(당밀)+배양효모－발효－연속증류기－통에 단기숙성－활성탄 여과(통에 숙성 시 착색된 그대로는 Golden럼이다)
- Heavy Rum : 중후한 풍미를 가지고 있다.
  전번에 증류하고 나머지 발효액을 새로 만든 사탕수수 즙에 혼합－발효－단식증류기－태운 통속에서 착색 → 3년 이상 숙성(Full body Rum이라고도 한다.

다) 럼의 주산지

Cuba, Puerto Rico, Mexico, Jamaica, Demerara 등이며 세계적으로 사탕수수가 재배되는 곳은 럼을 생산하고 있다. 사탕수수의 원산지는 인도이다.

라) Rum을 즐기는 방법

Rum 은 특유한 향미를 가지고 있어 Straigh로 마신다. 또한 다른 재료와 쉽게 섞이는 특성 때문에 Rum cock, Mai tai, Pina colada 등의 Cocktail도 즐길 수 있다. Martini를 만들 때 Gin 대용으로 쓰이기도 하며, 7-up, Orange juice 등과 함께 마시기도 한다.

10) liqueur

증류주에 과실 · 과즙 · 약초 등의 성분을 넣고 설탕 · 포도당 · 꿀 · 시럽 등 감미료를 넣은 혼성주이다.

가) 리큐어(liqueur) 제조법

• 침출법 : 주정에 과실이나 초근목피(草根木皮)를 담가 그 성분이나 향미를 우려내는 방법으로 많이 쓰는 방법이다.

- 증류법 : 주정에 배합재료를 담근 다음 증류한다. 거기에 설탕 · 포도당 · 꿀 등을 넣어 단맛을 내고 향료를 넣어 향미를 낸다.
- 에센스법 : 주정에 천연 또는 합성향료나 정유(精油)를 가하여 만드는 방법이다.

나) 리큐어(liqueur) 종류

- 베네틱틴(Benedictine) : 프랑스의 유명한 베네틱틴 사원에서 만들어져 유명하다.
- 코엥뚜르(Cointreau) : 프랑스에서 엄선된 오렌지 에센스를 뽑아 브랜디와 섞어 만든 리큐어.
- 끄렘 드 망뜨(Creme De Menthe) : 증류주에 박하를 주원료로 하여 약초류를 혼합한다.
- 끄렘 드 까시스(Creme De Cassis) : '까치 밥 나무열매'로 만든 리큐어로서 신맛이 난다.
- 베일리스(Baleys) : Irish Whisky와 Creme De Cacao를 혼합하여 만든다.
- 그랑 마니에르(Grand Marnier) : 코냑에 오렌지 향을 가미한 프랑스산 리큐어이다.

제8장
와인의 이해

제1절 와인의 특성 및 종류

제2절 와인의 분류

제3절 와인의 도수 및 숙성기간

제4절 세계의 와인

제5절 와인의 지식

제1절 와인의 특성 및 종류

1. 와인의 특성

와인에는 다른 술의 제조과정에서 볼 수 있는 여러 가지 첨가제를 넣지 않고 포도 자체로 숙성을 하여 알코올 함량이 적고, 유기산, 무기질 등이 파괴되지 않은 채 포도성분이 그대로 살아있는 술이다. 이 와인 속에는 수분 85%, 알코올 9~13%, 그 외에 당분, 비타민, 유기산 각종 미네랄, 폴리페놀 등으로 구성되어 있다. 이중 폴리페놀은 포도껍질이나 씨에 주로 함유되어 있다. 우리 몸속에는 각종 지방질을 산화시켜 세포의 노화와 손상을 초래하는 활성산소가 있는데, 폴리페놀은 활성산소를 제거하는 항산화제 역할을 하며 특히, 심장혈관에서 좋은 작용을 한다. 동맥경화의 원인인 콜레스테롤의 산화도 억제해 심장질환 발병의 위험을 줄여 준다.

와인은 지역마다 맛이 다른데 이는 토질, 기온, 강수량, 일조량 등 자연적인 조건과 재배방법 등이 와인의 향과 맛을 결정한다.

① 천연 발효주이다 : Wine은 넓은 의미로 과일의 천연 주스를 발효시킨 발효주를 의미하는데 일반적으로 포도로 만든 것을 말하며 bottling 후에도 발효가 계속된다.
② 알칼리성 건강음료이다 : 산성식품을 중화시키는 역할을 하여 산성식품인 육식을 주로 하는 서양인들의 식탁에 빠져서는 안 될 중요한 존재로 여겨지고 있다.
③ 포도 수확년도에 따라 향취와 맛의 차이가 난다
④ 요리와의 조화를 이루는 식중주로 적합하다.

2. 와인의 종류

1) 적포도주

적포도주는 씨와 껍질을 함께 발효시킴으로써, 탄닌 성분까지 함께 추출됨으로 떫은맛이 나며, 껍질의 붉은 색소로 인하여 붉은 색깔이 난다. 와인의 맛은 탄닌의 조화로움에 크게 좌우되며, 포도 껍질과 씨를 얼마동안 발효 시키느냐에 따라 맛이 결정된다. 이 탄닌 성분은 차가울수록 떫은맛이 강하므로 실온에서 마시는 것이 좋다.

알코올의 양은 12~14%정도이고, 마시는 온도는 실온인 17~18°c에서 마셔야 최고의 맛을 볼 수 있다.

2) 백포도주

백포도주는 거의 밀짚색에서 부터, 연두색, 황금색에 이르기까지 다양한데 이는 백포도주를 압착해서 만들기 때문이다. 적포도주를 이용하여 만드는 경우에는 껍질을 제거하여 만들고 압축된 와인은 알맹이에서 나오는 산으로 인하여 상큼하고 탄닌 성분이 적어 맛이 순하다.

알코올 양은 10~13% 정도, 마시는 온도는 8°c 정도가 알맞으며 너무 차거나 온도가 높으면 화이트와인의 맛을 느낄 수 없다.

3) 로제와인

로제와인은 장밋빛 와인이라는 말로 로제와인, 핑크와인으로도 불리지만 세계적으로 로제와인이라고 표시하는 것이 일반화 되어 있다. 로제와인의 제조과정은 레드와인과 비슷하다. 레드와인과 같이 포도껍질을 같이 넣고 발효시키다가 어느 정도 지나서 색이 우러나면 껍질을 제거한 채, 과즙만을 가지고 와인을 만들거나, 레드와인과 화이트와인을 섞어 만들기도 한다. 색깔로는 화이트 와인과 레드와인의 중간인 핑크빛으로 보기에 아름다우며, 맛으로 보면 화이트 와인에 가까워 차게 마시는 것이 좋다.

4) 발포성 와인

탄산가스의 유무에 의해서 발포성 포도주, 비발포성 포도주로 구분하는데 발포성 포도주 중 프랑스의 상파뉴 지방에서 전통적인 방식에 의해 만들어진 것을 샹파뉴의 영어식 발음인 "샴페인"이라 하고 기타 지역, 다른 나라에서 만든 것은 비록 전통적인 방식에 의해 만든 것이라 할지라도 스파클링 와인이라고 한다.

제2절 와인의 분류

1. 색에 따른 분류

1) 레드 와인(Red wine)

일반적으로 적포도주를 사용하면 레드와인이 되고, 백포도를 사용하면 화이트 와인이 된다. 레드와인은 제조과정에서 포도 껍질째 발효가 되므로 껍질 속에 있는 색조(안토시아닌) 및 탄닌 성분으로 하여 떫은 맛 및 독특한 색을 나타낸다.

2) 화이트 와인(White wine)

가끔 적포도를 이용하여 화이트 와인을 만들기도 하지만, 황색와인이나 금빛와인 그리고 물처럼 맑은 와인들은 모두 화이트 와인이다. 화이트 와인은 탄닌 성분이 적포주에 비하여 상대적으로 적어서 상쾌하고 부드러우며 과일향이 풍부한 것이 특징이다.

3) 로제 와인(Rose wine)

레드와인과 같이 붉은 포도를 원료로 하지만 제조과정에서 발효 초기나 중간에 껍질을 제거함으로써 레드와인과 화이트와인의 중간색인 핑크색을 띤다.

4) Yellow wine(Vin jaune)

프랑스 Jura지방의 사바냉(Savagnin)이라는 포도로 만들어 오크통에서 최저 6년간 줄어드는 양을 보충하지 않고 숙성한다. 이 사이에 와인 표면에 Sur-lie와 같은 하얀 막이 생기고 독특한 꽃들이 와인에 생긴다. 병입 후의 수명도 길어 80년이 지나도 그 개성은 약해지지 않는다고 한다. 와인의 색은 진한 노란색을 띤다.

5) Green wine(Vino Verdelho wine)

원산지가 포루투갈인 포도품종으로 그린와인을 의미하며 초록색깔을 띠는 와인이다.

* Verdelho : 신선한, 젊은, 생생한, 초록색을 의미한다.

2. 와인의 당도에 따른 분류

1) 드라이 와인(Dry wine)

포도즙을 발효과정에서 포도당이 모두 발효되어 단맛이 거의 없는 와인을 말하며, 보통 식전이나 식사 중에 음식과 함께 마신다. EU 와인법은 Dry wine은 1리터 중 당분 4g 이하 또는 9g 이하로 당과 산의 차이가 2g 미만으로 규정한다.

2) 미디엄드라이 와인(Medium dry wine)

약간의 잔당을 발효과정에서 단맛을 감지할 수 있는 와인을 말한다. EU 와인법은 1리터 중 당분 12g 이하 또는 당분 18g 이하로 당과 산의 차이가 10g 미만으로 규정)한다.

3) 스위트 와인(Sweet wine)

발효과정에서 포도당이 남아 있도록 하여 단맛을 내는 와인을 말하며, 일반적으로 식후에 디저트와 함께 마신다. EU 와인법은 1리터 중 당분이 45g 이상으로 규정한다.

3. 생산지에 따른 분류

1) 프랑스 와인

① BORDEAUX(보르도) : 세계 최대의 규모의 고품질의 와인 생산지로서 특히 보르도의 레드와인은 세계 제일의 레드와인으로 인정받는다.

② BURGUNDY(버건디) : 보르도 지방과 함께 프랑스 와인 대표적 명산지로 알려져 있으며 특히 샤블리(CHABLIS)지방은 화이트 와인이 매우 유명하다.

③ CHAMPAGNE(샹빠뉴) : 발포성 화인인 샴페인의 생산지로 유명하다.

④ ALSACE(알사스) : DRY한 화이트 와인의 생산지로 유명하다.

2) 미국 와인

California wine이 유명하다.

3) 이태리 와인

Chianti(끼안티) wine이 유명하다.

4) 독일 와인

Rhine(라인), Mosel(모젤), wine이 유명하다.

5) 스페인 와인

Sherry wine이 유명하다.

6) 포르투갈

Port wine이 유명하다.

4. 제조법에 따른 분류

1) 스틸 와인(Still wine)

와인은 발효 시 알코올과 탄산가스가 함께 생겨나는데 탄산가스를 함유하지 않은 와인을 스틸 와인이라 한다. 스틸와인은 무발포성 와인이라는 뜻으로 주로 식사 중에 마시기 때문에 테이블 와인이라고 불리고 당분을 많이 함유하고 있는 것은 디저트용으로 마신다. 탄산가스를 가볍게 함유하고 있는 와인 중 20℃ 1기압 이하의 와인으로 분류한다.

2) 스파클링 와인(Sparkling wine)

스파클링 와인은 이미 발효가 끝난 와인에 효모와 당을 첨가하여 병 속에서 2차 발효를 거쳐 생기는 거품을 와인 속에 스며들게 한 것이다. 이러한 방법은 원래 샹파뉴(Champagne) 지방의 제조방법에 따른 것으로 그래서 우리가 흔히 말하는 샴페인이 샹파뉴 지방의 이름을 영어식 발음에 기초한 것이다.

3) 주정강화 와인(Fortified wine)

강화와인은 알코올 도수나 당도를 높이기 위해 발효 중 또는 발효가 끝난 후 브랜디(대부분 와인이나 포도를 증류시켜 얻은 알코올인 브랜디)를 첨가한 와인으로서 셰리(Sherry), 포트(Port), 마데이라(Madeira), 마르살라(Marsala), 프랑스 뱅 드 리퀴르(Vin de liquore)등이 대표적이다. 포트와인을 프랑스인들은 식전 주로 좋아하고, 미국, 이태리, 포르투갈에서는 치즈와 케이크를 곁들여 디저트 와인으로 마시는데, 식전 주는 물론 식후 주나, 칵테일 베이스로, 또 요리의 풍미를 높이는데 사용하는 등 여러 가지로 이용되고 있다. 이런 와인을 주방에 놓아두고 조리용 와인으로 사용하는 것도 와인과 친숙해지는 한 방법이다.

4) 가향 와인(Flavored wine)

와인 발효 전후에 과실즙이나 쑥, 꿀 등 천연의 향기를 첨가하여 향을 좋게 한 와인이다. 이탈리아에서 만들어지는 버무스(Vermouth)나 스페인의 상그리아(Sangria)가 대표적인데, 마티니 등의 칵테일용으로 많이 쓰이고 있다.

5) Aromatized Wine(방향 와인)

독특한 향신료, 약초 등을 첨가해 향미를 좋게 한 것으로 프랑스의 Dry Vermouth, 이탈리아의 Sweet Vermouth 등이 있다.

제3절 와인의 도수 및 숙성기간

1. 와인의 알코올 도수

포도주는 일반적으로 발효에 이용되는 효모의 특성 때문에 알코올 도수가 8~14% 이하인 것이 대부분이다. 과즙을 발효시키는 중이거나 발효가 끝난 상태에서 브랜디나 과일 등을 첨가하여 알코올 도수를 높인 포도주가 있는데 이를 강화주라고 하며 알코올 도수는 15~20% 정도이다. 강화주는 스위티한 것에서부터 드라이한 것까지 다양하다. 프랑스의 뱅드 리퀘드, 스페인의 쉐리 와인, 포르트갈의 포트와인이나 버므스, 뒤보네 등이 대표적인 강화와인이다.

2. 포도주 숙성기간

포도주의 저장기간에 따라 영 와인, 에이지드 와인, 그레이트 와인으로 나누기도 하나 저장기간의 명확한 기준은 없다. 대략 3년 이내에 마시는 포도주는 영와인(Young Wine)이다. 3~10년 정도 저장한 포도주는 에이지드 와인(Aged Wine)이다. 10년 이상 저장된 포도주는 그레이트 와인(Great Wine)으로 부르고 있다.

3. 와인서비스 온도 및 디캔팅

1) 와인을 마시는 온도

와인을 맛있게 마시는 절대적인 온도는 없다. 와인 애호가가 맛있게 마셔본 경험으로 마시는 것이 좋다. 그렇지만 각각의 와인은 와인마다 독특한 풍미를 가지고 있으므로 그 와인의 특성에 맞게 마시는 것이 보다 조화롭게 와인을 즐기는 방법이기도 하다. 화이트와인과 로제와인은 8~12도로 조금 차게 마시는 것이 좋다. 너무 차게 냉각시키면 와인의 향기와 아로마가 얼어 향이

나지 않는다. 보통 혀는 4℃ 이하에서 맛을 제대로 감지하지 못한다. 와인을 얼음물에 너무 오래 담가두면 와인의 맛과 향이 제대로 살아나지 않으므로 고급 화이트 와인의 경우 절대로 차게 해서는 안 된다. 너무 낮은 온도는 혀의 돌기를 마비시키고, 포도주의 향을 느끼지 못하며 탄닌을 거칠게 만든다. 높은 온도는 포도주에 알코올 도수가 너무 높게 느껴지게 하고 무겁고 걸쭉한 느낌을 주게 된다.

감미와인은 차게 마셔야 해서 단맛을 더 잘 느낄 수 있다. 발포성 와인은 차게 해서 마셔야 맛과 향이 제대로 살아나며 기포가 빨리 달아나지 않는다.

레드와인은 실내온도(18℃)에서 마신나고 하는데, 레스토랑의 실내온도가 통상 20°가 넘기 때문에 15° 정도에서 서브되는 것이 좋다. 와인이 서빙된 후 10분 정도 경과 되면 18℃의 방에서 4° 정도 상승된다.

레드와인이라도 가벼운 와인은 약간 차게 해서 마시는 것이 신선한 과일향을 더 잘 즐길 수 있다. 레드와인을 차게 하면 탄닌 성분이 더 강해진다. 와인은 저마다 특정한 온도에서 가장 좋은 맛과 향을 낸다.

2) 와인을 마시는 순서

한자리에서 두 가지 이상의 와인을 마실 경우 어느 것을 먼저 마셔야 두 가지 와인의 맛을 제대로 느낄 수 있을까 하는 문제는 와인을 즐기는데 기초가 된다.

- Young Wine을 Aged Wine 보다 먼저 마신다.
- White Wine을 Red Wine보다 먼저 마신다.
- Dry Wine을 Sweet Wine보다 먼저 마신다.
- 알코올 도수가 낮은 Light Wine을 Heavy Wine보다 먼저 마신다.

↘ **디캔팅 / Decanting**

병에 들어 있는 와인을 다른 용기에 옮겨 담는 것을 디캔팅(Decanting)이라고 하며 다음과 같은 이유로 디캔팅(Decanting)을 한다.

- 오래된 레드와인의 침전물을 제거한다.
- 와인의 호흡을 촉진시켜 부드러운 맛을 낸다. 레드와인의 경우 일반적으로 마시기 1시간 30분 전에 코르크를 열어 두면 와인이 공기와 접촉하여 향이 좋아지고 떫은맛이 부드러워 진다.

제4절 세계의 와인

1. 그리스 와인

국내 와인 애호가들에게 아직은 낯설지만, 지난 아테네 올림픽을 계기로 국내에도 많이 소개되기 시작했다. 그리스 와인은 그리스의 풍토와 문화를 대변하고 있다. 강렬한 태양과 바람, 지중해의 물결이 만들어낸 '신들의 음료'로 불리기도 한다. 달콤한 맛과 떫은맛이 조화를 이루어 개성 강한 와인을 생산하고 있다.

2. 오스트리아 와인

오스트리아 와인은 2,700년의 역사를 가지고 있으며, 독특한 맛과 향으로 유명하다. 독일보다 남쪽에 위치해 있기 때문에 포도의 당도는 높고 산은 낮아서 독일 와인보다 부드럽고 달콤한 맛을 낸다. 부르겐란트는 오스트리아 최대의 포도 및 와인 생산지로, 특히 서리가 내릴 때까지 기다렸다가 수확을 한 포도로 만든 아이스 와인이 사랑받고 있다. 일반 와인보다 당도가 높고 향도 진한 것이 특징이며, 이름 그대로 차갑게 마셔야 더 진한 향과 맛을 느낄 수 있다. 디저트 와인인 아이스 와인과 함께 겨울에는 레드 와인에 오렌지 주스를 넣어 따뜻하게 데워 먹는 글뤼바인도 즐겨 마신다.

3. 미국 와인

미국은 고른 기후 탓에 생산지역이나 빈티지가 유럽보다 중요한 의미를 지니지 않는다. 따라서 '로버트 몬다비'처럼 와인제조자의 이름이나 포도품종 이름이 와인 이름인 경우가 많다.

그리고 서부해안 캘리포니아지역이 와인 생산지로 유명하다. 이곳은 여름에는 강한 햇빛과 포도성장기에는 거의 비가 오지 않아서 당도가 높으며, 겨울은 온난 다습하여 포도 생산의 최적지이다. 또한 유럽와인 재배지역과 달리 거의 기후변화가 없어서 수확연도에 따른 품질차이가 거의 없다.

캘리포니아에서는 진판델은 단일품종으로 꽃피웠으며, 까베르네 소비뇽, 샤르도네, 소비뇽 블랑, 피노누아 등이 유명하다. 캘리포니아 와인들은 좀 더 높은 알코올을 함유하고 있고 유럽지역의 와인들에 비해 포도품종에 따른 과일의 향과 맛이 좀 더 뚜렷하게 표현되는 경향이 있다.

미국은 토종 포도와 유럽 포도를 접붙여서 미국의 기후에 알맞고 품질이 좋은 포도를 생산하기 위하여 기술과 자본을 적극적으로 투자하고 있다.

급기야 1978년 파리에서 열린 블라인드 테이스팅에서 프랑스를 제치고 캘리포니아 와인이 최고로 뽑히면서 전 세계적으로 주목받았다.

4. 호주 와인

오늘날 호주 사람들에게 와인은 생활의 일부이며 큰 즐거움이다. 사람들은 건강과 즐거움을 위해 적정 알코올이 함유되어 있는 와인의 이로움에 친숙하다. 미국과 같이 단일 품종의 포도를 사용한 와인과 여러 가지 포도를 섞어서 만든 와인을 생산하고 있다.

특히 시라즈는 프랑스 론의 시라 품종에서 파생된 것으로, 호주에서 카베르네 소비뇽과 더불어 적포도 품종의 양대 산맥을 이루고 있다. 기온이 높고 건조하여 질 높은 레드 와인과 화이트 와인을 많이 생산한다.

레드 와인용 포도 품종으로는 카베르네 소비뇽, 시라즈, 피노 누아 등이 있고, 화이트 와인용으로는 샤르도네, 소비뇽 블랑, 세미용, 리즐링 등이 있다.

5. 칠레 와인

칠레는 와인 선진국들의 발전된 기술과 자본을 받아들여 대표적인 신세계 와인 생산국으로서 명성을 얻고 있다. 일조량이 많은 지중해성 기후로, 포도 농사에 좋은 기후 조건을 갖고 있다. 포도의 생육 기간이 다른 지역에 비해 짧지만, 한낮의 기온이 높고 햇빛이 강렬하여 타닌과 착색, 아로마 형성에 좋다. 칠레 와인은 가격에 비해 품질이 좋아 많은 인기를 얻고 있으며, 와인 숍과 마트에서 저렴한 가격으로 구할 수 있다.

6. 스페인 와인

스페인 와인의 전반적인 특징은 가격에 비해 품질이 좋다는 것이다. 부담 없이 마시는 레드 와인이 많은데, 요즘은 고급 와인도 많이 생산되고 있다.

1950년대 후반 스페인의 가장 유명한 와인 산지인 리오하를 중심으로 품질을 향상시키려는 노력이 시작되었다. 1972년에는 정부에서 와인 법규를 제정하여 와인 등급 체제를 정비했다.

와인 생산량은 이탈리아와 프랑스의 절반 정도로 세계 3위를 차지하고 있으며, 벌크와인(bulk wine, 식품 원료로 쓰이는 와인)을 많이 수출하고 있다.

7. 이탈리아 와인

이탈리아는 남북으로 긴 국토를 가지고 있어서 지역별로 기후와 풍토가 다르다. 그래서 지역별로 개성 있는 와인을 생산하고 있다. 이탈리아는 가장 중요한 와인 생산국 중 하나다. 와인을 생산하는 예술적인 기술이 수세기 동안 발전되어왔다. 와인의 향과 맛의 다양성이 믿기지 않을 정도로 광범위한데, 포도가 재배되는 지형적인 위치에 따라 다양한 맛과 향기를 느낄 수 있다

8. 프랑스 와인

프랑스는 와인의 종주국이란 자부심을 갖고 있을 정도로 전 세계 와인의 전형이자 기준이 되고 있다. 특히 좋은 와인을 생산하기 좋은 기후, 예컨대 여름에는 덥고 건조하며 겨울에는 춥지 않은 지중해성 기후를 갖고 있다. 강렬한 햇볕이 내리쬐는 남쪽 지중해 연안에서는 풍부한 당과 진한 색깔을 내는 레드 와인을 생산한다. 북쪽 지방은 약간 서늘함 속에서 자라면서 신맛이 적절히 배합된 청포도를 생산하기에 좋은 기후와 토양 품종을 고루 갖추고 있다.

프랑스 와인을 이해하고자 한다면 각 포도원의 명칭과 지리적 위치를 미리 알아야 한다. 전통적으로 각 지역별로 재배하는 포도 품종이 정해져 있으므로 라벨에는 품종을 표시하지 않고, 생산 지역과 생산자, 등급만을 표시하는 경우가 많다.

포도원의 역사적 배경과 기후, 토질을 바탕으로 등급이 정해져 있다. 특히 부르고뉴 지역은 토양에 따라 등급이 정해진다.

제5절 와인의 지식

1. 기타 와인 지식

1) Wine Breathing

와인은 제조과정 중 오랜 숙성기간을 거치면서 병 속에 거친 맛을 가지게 된다. 따라서 와인을 마시기 전 와인 병을 미리 open하여 와인이 숨을 쉬게 해주어야 한다. 와인은 공기 중의 산소와 접촉하여 향미가 되살아나고 맛이 순화된다. 이를 Wine Breathing이라고 한다.

2) Wine의 보관

Wine병은 반드시 눕혀서 보관해야 한다. 공기와 접촉한 Wine은 점점 산화되어 부페하게 된다. Winc병을 눕혀두면 cork가 미르지 않고 촉촉이 젖어 있어서 외부의 공기가 병속에 침입하는 것을 막을 수 있다.

3) Wine의 온도

Wine은 독특한 풍미를 갖고 있으므로 그것을 잘 살려주는 온도에서 보다 좋은 Wine의 맛을 느낄 수 있다. white wine은 6~12도 정도로 조금 차게 마시는 것이 좋으며, red wine은 15~20도 정도의 실온으로 마시는 것이 좋다. 따라서 white wine은 기내서비스 전 얼음으로 충분히 chilling하여 서비스해야 한다.

4) Wine tasting

좋은 wine을 결정짓는 요소는 특유의 맛과 향이다. 따라서 wine을 마시기 전 맛과 향을 시음하는 절차를 거치는데 이를 wine tasting이라고 한다. 즉 wine을 마시기 전 잔을 들어 빛깔과 투명도(Appearance)를 감상하고 잔을 흔들어 향기(Bouquet)를 맡은 다음 한 모금(taste)을 삼켜 굴린 다음 삼킨다.

5) Wine tasting 권유요령

첫째, 선택한 wine의 Label을 보여드린다. 둘째, glass의 1/3까지 따라 시음을 유도한다. 셋째, 만족 여부를 확인한 후 glass의 2/3까지 따른다.

6) wine과 요리와의 일반적인 조화

- Red Meat : Red White
- 굴이나 새우, 생선요리(White Meat) : White Wine

2. 와인 표기 읽기

1987 -- 1
Chateau
Gros Moulin -- 2
Cotes De Bourg
Appellation De Bourg Controlee ------------------------------------ 3
11.5% Vol 75cl
Mis En Bouteilles Par Ed. Kressmann & Co--------------------------- 4

1. 포도의 수확연도(Vintage)
2. 포도주 원명
3. 원산지 명칭 통제
4. 생산 회사

3. Wine 서비스 기본 실습

다음 사항을 고려하여 WINE 서비스 실습 준비를 하시기 바랍니다.

□ 실습 진행 요령

와인 소개 방법과 SVC STANDARD MOTION에 유의하여 ROLE PLAY를 한다.

2인1조로 파트너와 번갈아 가며 승객과 승무원의 역할을 실습한다.

□ 실습 POINT

WINE 명 안내 방법 숙지

자연스럽고 세련된 LABEL SHOWING 동작 습득

TASTING 권유 방법 습득

POURING, STOP & TWIST, EYE CONTACT의 STANDARD MOTION 습득

세련되고 품위 있는 WINE SVC 동작 습득

□ FEEDBACK

실습 POINT 달성 여부

제9장 서양식

제1절 서양식의 이해
제2절 서양식의 구성
제3절 서양식 테이블 매너

제1절 서양식의 이해

1. 서양식의 특성

1) 코스별 식단구성

서양식은 일반적으로 한상차림인 한식과 달리 코스별로 식단이 짜여 있다. 코스별 식사의 양은 라이트(Light)－헤비(Heavy)－라이트(Light)로 구성되어 있으며 식사의 맛 또한 식욕을 촉진시킬 수 있는 드라이한 맛에서 소화를 도와주는 스위트한 맛의 순서로 구성되어 있다.

2) 서양식의 전통 프랑스 요리

서양요리에 있어서는 프랑스 요리가 세계적으로 가장 유명하며 그 전통성으로 인하여 진가를 인정받고 있다.

2. 서양식 메뉴의 종류

서양식 메뉴에는 모든 코스가 제공되는 Table D'hote, course 중 자유로이 선택하여 먹을 수 있는 A La Carte, 요리사가 권하는 Special Menu가 있다.

1) Table D'hote(따블로 도트 : 정식 메뉴)

① Full Course Menu로서 한 끼분으로 구성되어 있으며 일정한 순서대로 미리 짜여 있어서 모든 코스는 본인의 선호 여부와 관계없이 제공된다.
② 고객은 코스에 대한 선택의 기회가 없는 반면 그 차림표와 가격을 쉽게 이해할 수 있는 이점도 있다.
③ 대체적으로 값도 비싸고 질도 우수한 메뉴들이 제공된다.

2) A La Carte(알라 까르뜨 : 일품요리)

① 각 코스별 다양한 메뉴 중에서 식성대로 한 가지씩 자유로이 선택하여 먹을 수 있는 차림표이다.

② 일품요리 메뉴는 품목별로 가격을 정해 놓은 것으로 종류에 따라 가격의 차이가 있으며, 값이 비싼 특별 요리도 많다.

스 프	생선류
바닷가재 크림스프	캐이퍼를 곁들인 가리비
불란 서식 양파 그 라틴	겨자소스의 광어
버섯을 곁들인 아스파라건스	감자로 싼 실파소스의 도미
크림 스프	향신료로 맛을 낸 홍차
집게 새우 크림 스프	생강향의 집게새우
오징어를 넣은 야채스프	파스타를 곁들인 바닷가재

3) Special Menu(Chef's Recommendation)

① 특별요리 메뉴는 고기 요리를 중심으로 미리 짜여진 메뉴로서 고객의 기호에 맞추어 양질의 재료로 때와 장소, 계절에 맞게, 고객에게 매일 변화 있는 메뉴를 저렴한 가격으로 제공하기 위한 것이다.

② 가격이 합리적이고 메뉴 구성도 알찬 편이어서 인기가 있는 메뉴이다.

제2절 서양식의 구성

1. 서양식의 Dinner Course 개요

ഗഗഗഗഗഗഗഗഗഗഗഗഗഗഗഗഗഗഗഗഗഗഗഗഗഗഗഗഗഗഗ

HORS D'OEUVRE

BREAD

SOUP

SALAD

MAIN DISH

DESSERT

HOT BEVERAGE

ഗഗഗഗഗഗഗഗഗഗഗഗഗഗഗഗഗഗഗഗഗഗഗഗഗഗഗഗഗഗഗ

2. 서양식의 Breakfast 개요

ഗഗഗഗഗഗഗഗഗഗഗഗഗഗഗഗഗഗഗഗഗഗഗഗഗഗഗഗഗഗഗ

HOT BEVERAGE

BREAKFAST ROLLS

FRUIT AND FRUIT JUICE -------- AMERICAN BRF

CEREAL(DRY, PORRIGE) -------- ENGLISH BRF

MAIN DISH EGG DISH

DESSERT

ഗഗഗഗഗഗഗഗഗഗഗഗഗഗഗഗഗഗഗഗഗഗഗഗഗഗഗഗഗഗഗ

[서양식의 Dinner, 서양식의 Breakfast]

1) Beverage

Hot Beverage로는 커피, 차, 인삼차 등이 있다. Cold Beverage는 Fruit juice로는 Orange, Grapefruit, Tomato juice 등이 사용된다.

2) Cereal(곡물요리)

Cereal에는 Porridge 와 Dry Cereal이 있으며 Porridge 란 곡물로 만든 한국식 죽과 비슷한 것을 말하며 Dry Cereal은 곡물을 튀기거나 가공하여 놓은 것으로 전자는 유럽인이 후자는 미국인이 선호한다.

3) Egg Dishes

가) 스크램블 에그(Scrambled egg)

달걀에 우유(또는 생크림)와 소금후추 약간씩을 넣고 달구어진 프라이팬에 넣어 완전히 다 익기 전까지 군데군데 저어가면서 만들어내는 아침식사이다. 주로 연어요리 등 여러 가지 아침요리에 곁들임으로 함께 나가는 경우가 많다.

나) 오믈렛(Omlette)

달걀을 달구어진 프라이팬에 넣고 빠른 속도로 스크램블 하다가 말아서 내는 서양식 아침요리이다. 빠른 속도와 풍미 있는 담백한 맛 때문에 외국 사람들이 선호하며 달걀만으로 만들어내는 오믈렛은 "플레인(Plain) 오믈렛"이라 하며, 들어가는 재료에 따라 치즈오믈렛(슬라이스 치즈 첨가), 머쉬룸 오믈렛(양송이버섯 첨가), 스패니쉬 오믈렛(적당한 크기로 썰어놓은 야채를 볶아 토마토페이스트를 넣고 만든 충전물 첨가) 등으로 나뉜다.

다) 포치드 에그(Poached egg)

끓지 않는 물(80℃ 정도)에 달걀을 조심스럽게 넣고 적당히 익혀낸 달걀이며 보통 노른자는 반숙이며, 질감이 부드러워 식감이 좋습니다. 아침요리에 곁들임으로 내어지거나, 자체로 내어지는 경우가 있다.

라) 프라이드 에그 Fried egg)

소위 계란프라이라고 일컬어지는 아침 요리로, 익혀지는 정도에 따라 명칭이 구분된다.

① 써니 사이드 업(Sunny side up)

계란 노른자의 모양이 떠오르는 해처럼 둥글게 튀어나와 있다 하여 붙여진 명칭이다. 은근한 불에 올린 프라이팬에 계란을 조심스럽게 깨뜨린 뒤, 밑면이 어느 정도 익으면 물을 약간 붓고 뚜껑을 덮어 윗면도 익힌다.

② 오버 이지(Over easy)

Sunny side up 보다 조금 더 익힌 것으로, 밑면을 익히다가 뒤집어 나머지 면도 익히는 방식이다. 이 때 노른자는 깨져서는 안 되며, 완전히 익혀서도 안 된다.

③ 오버 하드(Over hard)

오버이지에서 조금 더 익혀낸 것으로, 계란노른자를 터트려 양면 다 익히는 방법이다. 흰자 노른자 모두 완숙이다.

[Sunny side up, Over easy, Over hard]

3. 서양식 코스별 이해

1) 에피타이저(Hors D'oeuvre)

- 제일 처음 시작하는 요리로 양보다는 질을 중요시한다.
- 색채와 장식이 아름답고 화려한 것이 특징이다.
- 신맛, 짠맛이 가미되어 그 자극으로 타액의 분비를 촉진시켜 식욕을 돋아 주어야 한다.
- 재료가 중복되지 않도록 주요리와 균형을 고려하여야 한다.
- Hors D'oeuvre은 차가운 전채와 더운 전채로 분류되는데 차가운 전채의 종류는 Froid, Caviar, Smoked Salmon이 있고 뜨거운 전채로는 에스가르고(Escargot), Fried Mushroom, Grilled Lobster가 있다.

가) Caviar

철갑상어의 알로서 Hors D'oeuvre 메뉴 중 가장 대표적인 고급 음식이다. 단백질, 비타민 등 몸에 좋은 영양소를 많이 함유하고 있으며 소화도 잘되고 콜레스테롤도 전혀 만들어내지 않는 100% 완전 흡수 식품이다. 주로 계란과

Onion, Lemon을 곁들여 먹거나 혹은 얇은 토스트 위에 버터만 발라 Caviar를 얹어서 먹는다.

Caviar의 색깔은 보통 검은색 계통이다. 미국이나 호주 등 신대륙 국가에서는 연어알 같은 것도 Caviar라고 하지만 이것은 엄밀히 말하면 Caviar가 아니라 Caviar대용품으로 진짜 Caviar인 철갑상어는 Black Caviar(블랙 캐비어), 연어알은 Red Caviar(레드 캐비어)로 구분한다. 철갑상어는 주로 검은색이 짙은 회색(암회색)부터 백색에 가까운 회색(백회색)까지 다양하고 심지어는 초록색이나 파란색, 금색에 가까운 노란색까지 다양하다.

Caviar의 보관방법은 항상 냉장 보관하여 신선함을 유지해야 하고 한번 오픈된 Caviar는 바로 소비해야하며 일주일 이상 보관하지 않는다.

철갑상어 종류에 따라 크게 3가지가 있다. 벨루가(Beluga)는 가장 알의 크기가 크고 고급품이며 새까만 검은색에 가까운 암회색부터 진주빛에 가까운 백회색까지 검은색이나 회색 계통이며 색이 밝은 것이 가격이 비싸다. 오세트라(Ossetra) 는 알의 크기는 중간이며 가격도 중간급이며 검은색, 회색, 흰색, 녹색, 파란색, 갈색, 금색 등 색상이 다양하다. 세브루가(Sevruga) 는 알의 크기가 가장 작으며 가격도 가장 낮고 단백질과 지방을 가장 많이 내포하고 있으며 조금 특이한 냄새를 가지고 있다. 검은색이 짙은 암회색으로 언뜻 보면 검은색으로 보인다.

나) Escargot

에스 가르고는 식용 달팽이 요리이다. 에스카르고는 전채 요리로 먹기도 하지만 생선 요리로 분류가 되어 메인 요리가 되기도 한다. 에스카르고는 뜨거울 때 먹어야 제 맛이 나는데, 버터소스와 빵이 함께 나올 경우에는 빵과 에스카르고를 버터 소스에 담가 소스를 듬뿍 묻혀 먹으면 한층 맛있게 먹을 수 있다.

달팽이는 프랑스, 중국, 일본 등지에서 강장식품으로 잘 알려져 있다. 달팽이의 살에는 '뮤신'이라는 점액이 있는데 이것이 조직의 수분을 유지시키고, 혈관, 내장 등에 윤기를 준다. 달팽이 요리가 생기게 된 것은 15세기경의 일이다. 당시의 대법관이 빈민구제를 위해 자신의 영지를 포도밭으로 만들어 백성들에게 포도를 재배토록 하였는데 달팽이들이 포도의 잎사귀를 자꾸 갉아 먹어 손실이 커지자 달팽이들을 박멸시키기 위해 농민들로 하여금 달팽이를 잡아먹게 하였다. 퇴치를 목적으로 하여 먹기 시작하였지만 달팽이 요리는 독특한 맛으로 전 세계 미식가들을 즐겁게 해주는 프랑스의 3대 진미로 자리를 잡게 되었다.

다) 프와 그라(Foie Gras)

푸아그라는 프랑스어로 '살찐 간(fat liver)'이라는 뜻이다. 특수한 방법으로 사육한 거위의 간을 프와 그라(Foie Gras)라고 한다. 살찐 간을 얻기 위하여 거위를 움직이지 못하게 고정시킨 채 약 한 달간 300g의 사료를 하루에 3번 씩 강제로 먹여서 사육하는데, 이 과정을 가바주(gavage)라고 한다. 이렇게 키워서 다 자란 거위의 간은 무게가 평균적으로 1.35kg이다. 오리보다는 거위의 간을 상품(上品)으로 취급한다. '파테 드 푸아그라'는 거위 간 80%에 돼지 간, 트뤼프, 달걀 등을 섞어 퓌레 형태로 만든 것을 말한다. '무스(퓌레) 드 푸아그라'는 거위 간 55% 이상을 포함한 것을 말한다. 세계 3대 진미 중 하나로 맛이 깊고 진하며 부드럽다.

라) Smoked Salmon(훈제 연어)

연어에는 훈제라는 특수 제조방법이 있는데 이 훈제연어는 모든 사람들이 좋아하는 기호식품이다. 주로 Onion, Lemon, Caper 등과 함께 먹으며 양귀비목 겨자과 식물인 호스레디쉬 소스를 찍어먹는다. 훈제 연어는 맛이 부드럽고 풍미가 좋다.

마) Smoked Ham

주로 Melon Ball과 함께 먹는다. 훈제된 햄으로 풍미가 좋다.

바) Canape(까나페)

얇고 작게 자른 빵조각 위에 여러 가지 재료(Caviar, Foie gras, Smoked Salmon, Ham, Cheese)를 얹어서 만든 요리이다. 빵이나 크래커 위에 버터를 바르고 어패류 · 육류 · 치즈 · 달걀 등 여러 가지 풍미 있는 식품을 단독으로 또는 혼합 · 조리하여 얹는데, 재료나 조리방법에 따라 각양각색의 맛과 형태가 이루어진다.

카나페는 오르되브르뿐만 아니라 칵테일파티나 양주 안주에도 흔히 쓰이며, 간단한 식사대용도 할 수 있다. 그러나 주로 오르되브르와 파티용을 전제로 하기 때문에 맛도 중요하지만 모양이 작고 아름다워야 하며 집어먹기 편하게 만들어야 한다.

사) Crab Claw(삶은 게의 집게발)

게를 삶아 집게발만 껍질을 조금 벗겨서 먹기 좋게 만든 요리이다.

아) Shrimp

새우는 머리 부분을 잘라버리고 껍질을 벗긴 새우를 이용한다. Prawn은 손가락 크기의 큰 새우이고 Baby Shrimp은 매우 작은 크기의 새우이다.

자) 굴(Oyster)

바다의 우유라고 불리는 굴은 어패류 중에서 가장 영양소가 많이 함유된 식품이다. 생굴은 레몬즙을 뿌려 먹으면 맛이 더욱 산뜻해지며 먹고 난 다음 껍데기에 남아 있는 즙 역시 일미이므로 그대로 입에 대고 마시면 된다. 생굴이 맛이 있는 계절은 10월 중순부터 3월 중순까지인데, 대부분의 조개류나 복어의 경우도 마찬가지이다. 이 시기가 지나면 대개 산란기에 접어들어 살이 적어지고 물이 많아져 때로는 중독성을 띠기도 하므로 주의해야 한다. 굴의 당질은 대부분 글루코겐(Glycogen)이어서 소화흡수가 잘된다.

차) Japaness Delicacies : Sushi, Norimaki(김밥)

대한항공에서 동양적인 맛을 선보이기 위해 기내식으로도 있는 요리이다.

2) Soup

Soup은 식사의 시작이다. 불어로는 Potage라고 한다. 서양식에서 유일하게 국물이 있는 요리로 Soup은 육류, 조류, 어패류 또는 야채 등을 고아낸 국물로 만든다. 주요리 전에 제공되어 식욕을 돋우고 이어지는 음식의 소화를 돕는다. 위벽을 보호하며 알코올에 대한 저항력을 강화해 준다.

가) Clear Soup(Consomme)

주로 Cognac색이며 맑고 투명하다.

육수에 여러 가지 재료(육류 및 야채 조미료)를 넣고 삶은 국물을 다시 걸러 만든 Soup을 말한다. 비프 콘소메, 치킨 콘소메, 피쉬 콘소메가 대표적이다.

나) thick soup(potage)은 전분이 함유되어 걸죽한 스프이다

크림스프, Puree Soup, Chowder, Bisque Soup가 있다. Soup에 쓰이는 가니쉬로는 Croutons(크루통)과 Celestine, Vermicelli, A La Royale, Tapioca, Ravioli가 있다.

Croutons는 식빵을 토스트하여 작은 크기로 잘라 버터기름에 튀긴 것을 말한다. Celestine는 밀전병 같은 것을 가늘게 썬 것이다. Vermicelli는 이태리 국수의 일종으로 국수처럼 생긴 모양이다. A La Royale은 계란과 육수를 풀어 네모꼴 형에다 버터를 발라 그릇에 담아서 오븐에 구워 스프에 띄운 것이다. Tapioca는 열대지방에서 나는 식용녹말을 파우더로 만들어 경단처럼 만든 것을 말한다. Ravioli는 Chiken Meal와 Foie Gras를 밀반죽으로 싸서 구운 것으로 Clear Soup에 많이 사용한다.

3) 빵

빵은 혀에 남은 맛을 씻어주어 코스별로 서비스되는 음식 고유의 맛을 즐길 수 있도록 해준다. 디저트 코스까지 계속 서비스한다.

Dinner Bread의 종류는 Hard Roll, French Baguette, Rye Bread, Garlic Bread 등이 있다. Hard Roll은 겉이 딱딱한 빵이며 Soft Roll은 식빵처럼 부드럽게 만들어진 빵이다. Grissini는 연필과 같이 길고 딱딱한 빵을 말한다. Breakfast Bread의 종류는 Danish Roll, Brioche, Croissant, Soft Roll, Muffin 등이 있다. Danish Roll은 속에 과일을 넣어 만든 덴마크식 빵이다. Brioche는 계란과 효모균을 넣어 부드럽게 만든 빵으로 빵 위에 작은 빵이 올려진 것 같은 모양이다. Croissant은 파이 반죽을 하여 구운 빵으로 초생달 모양의 불란서식 빵이다. Muffin은 우유나 버터를 사용하여 원주형 틀에 넣어 구운 빵이다.

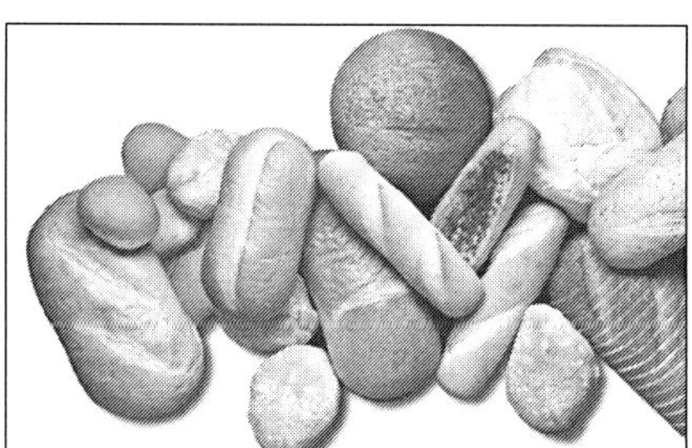 

[Dinner Bread]

[Breakfast Bread]

4) Salad

알칼리성 식품으로 육식을 중화시켜 주는 역할을 한다. 가볍고 신선한 미각으로 비중 있는 주 요리와 조화를 이룬다. 드레싱은 식물성 기름과 식초를 주재료로 하여 여러 가지 양념을 섞어 만든 것으로 야채 위에 얹어 먹는다.

Salad의 종류로는 Plain Salad와 Mixed Salad가 있다. Plain Salad는 한 가지 종류의 야채로만 구성된 것이다. Mixed Salad Plain Salad에 Fish Meat, 다른 Vegetable을 섞어 만든 것으로 Tossed Green Salad, Caesar Salad 등이 있다.

Salad Garnishes로는 양파, 토마토, 올리브, Nut, 크루통, Coconut, Egg, 당근, 호박, 오이 등이 있다. Garnish로 나오는 생야채는 단순한 장식이 아니라 요리와 조화를 이루는 맛과 향을 고려해 함께 내놓는 것이다.

Salad Dressing은 French Dressing, Mayonnaise Dressing, Italian Dressing, Thousand Island Dressing, American French Dressing 등이 있다. French Dressing은 식물성 기름과 식초를 섞고 소금, 후추 등의 양념을 넣어 만든 소스이다. Mayonnaise Dressing은 소금, 후추, 식초 또는 레몬즙을 가미한 Egg York을 개어 기름을 섞어 만든 소스이다. Italian Dressing은 French Dressing과 비슷하여 마늘을 진하게 넣고 Chopped 토마토를 넣은 것이다. Thousand Island Dressing은 Mayonnaise에 Chili Sauce Red & Green Pepper 등을 섞어 만든 것이다.

American French Dressing은 Vinegar에 Paprika Salt, Garlic Powder 등을 섞고 Egg York, Mustard, Worcetershire Sauce Oil 등으로 만든 Thick한 French Dressing 이다.

5) Main Dish

Entree, Starch, Vegetable로 구성되어 있다. Main Dish를 보통 Entree라고 부르기도 한다.

가) Entree

Meat의 종류로는 Beef(소), Veal(송아지), Pork(돼지), Lamb(양) 등이 있다. 필레(Filet)는 프랑스어로 안심을 뜻한다. 소의 등뼈 안쪽으로 콩팥에서부터 허리부분까지 이르는 가느다란 양쪽 부위를 말하는데 안심 자체는 지방이 거의 없는 부드러운 육질을 갖고 있어 쇠고기 중 최상급에 속한다. 샤토브리앙(Chateaubriand)은 안심스테이크 중 최고급의 스테이크는 앞쪽의 넓은 부분의 안심이다. 필레 미뇽(Fillet Mignon)은 고기 육질이 연하며 최고급 스테이크로 애호된다. 서로인 스테이크(Sirloin Steak) 는 소의 허리부분에서 맛있는 스테이크가 많이 나오는데 마지막 갈비에서 둔부까지 위쪽 등허리에 붙은 살을 말한다. 적절한 유지방과 약간은 거친 질감의 감칠맛 때문에 인기가 높다. 특히 마지막 갈빗대에서 등심 직전까지를 쇼트로인(Shot Loin)이라 하여 이곳에서 그 유명한 티본(T-bone)과 포터하우스(Poterhouse)가 나온다. 티본(T-bone)은 한 개의 뼈를 사이에 두고 한쪽에는 Fillet, 다른 한쪽에는 Sirloin이 붙어 있어 하나의 Steak에서 두 부위의 맛을 볼 수 있는 Steak이다. 뼈가 T자 모양을 하고 있어 T-Bone Steak이다. 비프 타르타르 스테이크(Beef Tartar Steak)는 서양의 스테이크 중 유일한 날고기 스테이크이다. 독일의 함부르크 Hamburg 사람들은 날것으로 먹지 않고 구워 먹어 이것이 햄버거 스테이크 Hamburger Steak 가 되었다. New York Steak는 소의 13번째 갈비에서부터 허리 끝까지 왼쪽 뼈 끝 사이의 척추 위에 붙은 살을 말한다.

스테이크는 굽는 정도에 따라 맛도 달라지는데, 대개 적게 구울수록 육즙이 많아 고기의 참맛을 즐길 수 있다. 때로는 '피가 뚝뚝 떨어질 것 같다'고 하는 표현을 하기도 하는데 스테이크를 자를 때 나오는 핑크색의 즙은 피가 아니라 고기가 열을 받을 때 나오는 엑기스이다. 이 육즙이야말로 스테이크의 고유한 맛의 원천인 것이다. 따라서 굽는 시간이 길어지면 이 육즙이 증발해버려 맛이 떨어지고 또 씹을 때 육질이 다소 질기게 느껴지기도 한다. 육질을 믿을 수 없을 때에는 완전히 구운 Welldone으로 먹는 것이 좋을 수도 있다 간혹 고기를 전부 잘라놓고 먹는 사람이 있는데, 이럴 경우 육즙이 접시로 전부 흘러내려 버려서 스테이크의 맛도 떨어질 뿐만 아니라 미리 잘라놓으면 빨리 식어버리므로 스테이크 본연의 맛이 먹을수록 줄어들게 된다.

Veal은 어린 송아지고기이다. 보통 젖소 수송아지를 150~200kg까지 키워 출하하는 것이 관례임이며 철분을 첨가하지 않은 대용유로만 사육시킨 송아지의 고기는 white veal, 철분이 첨가된 대용유로 키운 송아지 고기는 pink veal, 일찍 이유 시킨 후 옥수수 등 농후사료로 키운 송아지 고기는 red veal이라고 한다.

돼지고기의 부위는 대체로 어깨부위 살, 등심, 삼겹살, 방앗살, 뒷다리 등으로 구분한다. 등심, 방앗살을 최상육(最上肉), 뒷다리를 상육, 어깨부위 살을 중육, 삼겹살을 하육으로 친다. 다른 육류와 마찬가지로 돼지고기에는 단백질의 함량이 많고, 비타민 B_1의 함량이 월등히 많다.

Lamb(양)은 1년 미만의 어린 양고기를 말한다. Lamb은 육질이 부드럽고 지방과 수분 함량이 적기 때문에 조금만 익혀서 먹어야 한다. 3~5개월은(Baby Lamb), 5개월~1년(Lamb), 1년 이상(Mutton)이라고 구분한다.

Poultry는 Chicken(닭), Duck(오리), 칠면조 등 가금류를 의미한다. Chicken(닭)은 크게 분류하여 수탉, 암탉, 영계로 구분한다. Chicken은 Breast(가슴부위), Wing(날개 부위), Drumstick(다리 부위)이 있다. Duck(오리)은 오리고기의 독특한 냄새와 오렌지 향이 잘 어울리기 때문에 오리고기에는 주로 오렌지 소스가 들어간다. Duck의 주요 부위는 Breast이다. 칠면조는 Roast로 요리되나 훈제로 가공되어 자주 사용된다.

Seafood는 Fish(생선), Shellfish(갑각류)를 의미한다. Fish(생선)의 종류와 요리 방법은 매우 다양하며 각기 개성 있는 맛과 풍미가 있다. Fish의 종류로는 Halibut(큰 가자미, 광어), Salmon(연어), Trout(송어), Sole(혀 가자미), Tuna(참치), Ocean Perch(농어), Red Snapper, Sea Bass(도미), Smelt(빙어), Herring(청어), Sardine(정어리), Cod(대구)가 있다.

Shellfish는 단단한 껍질로 쌓여있고 사지가 관절로 연결되어 있는 갑각류이다. Shellfish의 종류로는 Abalone(전복), Clam(대합조개), Crab(게), Crayfish(가재), Lobster(바다가재), Mussel(홍합), Prawn(참새우), Oyster(굴), Scallop(가

리비), Shrimp(새우), Cuttlefish(뼈 오징어), Jellyfish(해파리), Octopus(문어), Squid (오징어) 등이 있다.

나) Starch : 곡물, 감자 등 탄수화물을 함유하고 있는 것을 말한다

감자의 종류로는 Baked Potato, Mashed Potato, Hashed Potato, French fry가 있다. Baked Potato는 감자를 껍질을 벗기지 않고 통째로 구워서 Butter, Sour Cream, Green Onion, Bacon 등과 함께 먹는 요리이다. Mashed Potato는 찐 감자를 으깨서 Butter, 우유, Cream 등을 넣어 섞은 요리이다.

Rice의 종류로는 Rice Pilaf, Safran Rice(사프란), Fried Rice(볶은 밥), Wild Rice이 있다. Rice Pilaf는 Long Grain 쌀에 썬 양파, 옥수수, 버터를 넣고 육수로 밥을 지은 것이다. Safran Rice는 Rice Pilaf에 Safran 착색 향료를 넣어 노란색이 나게 한 밥이다. Fried Rice은 볶은 밥을 말한다. Wild Rice는 야생벼로부터 나온 쌀을 육수로 지은 것으로 검정색상의 밥을 말한다.

Psata의 종류로는 Noodle, Lasagna(라쟈나), Ravioli(라비올리), Canelloni(까넬로니), Tortellini(또뜰리니), Ruote(루오뜨) 등이 있다. Noodle은 국수의 일종으로 여러 가지 모양의 것들이 있다. Lasagna는 넓적한 국수에 토마토와 치즈 소스를 곁들여 오븐에 구운 것이다. Ravioli는 시금치, 고기, 치즈 등으로 속을 채운 작은 베개 모양으로 만든 파스타이다. Canelloni는 밀가루 반죽을 밀어 고기로 속을 채우고 토마토와 치즈를 섞어 오븐에 구운 것이다. Tortellini는 작은 초생달 모양으로 잘게 다진 고기류와 파르메산 치즈를 섞어 속을 채운 파스타이다. Ruote는 차바퀴 모양으로 만든 파스타이다.

다) Vegetable

곁들이는 야채를 의미하며 조리 시 풍미나 향이 훼손되지 않아야 한다. 채소는 전분과 함께 꼭 필요하며, Main Dish에 사용되는 야채는 주로 익혀서 요리한 것을 사용한다.

요리 방법으로는 대부분 소금, 설탕, 혹은 다른 양념을 넣은 물어 삶아 버터나 크림 등으로 살짝 볶거나 구워서 사용한다. 당근, 감자, 브로콜리, 아스파라가스, Bean, Mushroom, Tomato, Onion 등이 있다.

6) Dessert

서양요리에 있어서 디저트는 후식과 간식을 겸하여 cheese, fruits, sweet dish를 포함한다. 식후의 디저트는 당분이 적고 위의 부담이 적으며 입맛이 개운한 것을 선택하는 것이 좋다.

가) Cheese

주로 우유나 양, 산양 등의 젖을 응축시킨 대표적인 단백질 식품으로 지방, 칼슘 등을 함유한 고영양 식품이며 소화도 잘된다. 만드는 방법, 생산지, 숙성 정도에 따라 각 치즈마다 맛과 향이 다르고 고유의 특색을 지니고 있다.

치즈는 자연 치즈와 가공 치즈로 나뉘며 자연 치즈는 수분이 55~70% 사이의 연질치즈, 반연질 치즈(45~55%), 경질치즈(30~40%), 초경질치즈(25~30%)로 나뉘며 숙성을 거친 후에도 계속 발효하므로 오래 보관할 수 없다. 가공치즈는 종류나 성숙도가 다른 치즈를 배합, 인공화합물을 첨가하여 장기간 보존 할 수 있다.

치즈는 단 맛이 나오기 전에 먹는다. 대부분의 치즈는 실온으로 먹어야 그 맛과 향을 제대로 느낄 수 있다. 냉장 보관한 치즈는 먹기 전에 미리 꺼내어 두고 생치즈는 차갑게 해서 먹는 것이 좋다.

남은 치즈는 냉장 보관을 하더라도 온도가 자주 변하거나 습도가 일정치 않을 경우 외관에 물방울이 생겨서 곰팡이가 발생할 위험이 있으므로 물기가 닿지 않도록 유의한다. 치즈의 잘린 부분이 건조해지면 딱딱하게 변질되므로 잘 감싸서 공기에 닿지 않게 보관한다.

치즈는 와인과 절대적 조화를 이루는 좋은 식품이다.

Cheese의 종류와 특징

Cheese 명	맛과 향	특 징
까망베르 (Camembert)	부드러운 맛	내부는 노란 빛의 크림색이며 외부는 단백질의 흰 곰팡이로 덮여 있다.
브 리 (Brie)	부드러운 맛	표면에 묽은 빛이 나는 흰 곰팡이가 덮여 있다. 까망베르와 비슷하며 더 강한 맛의 치즈이다.
에망딸 (emmenthal)	약간 단 호두 맛	스위스의 대표적인 치즈로 동전만한 구멍이 많다.
그리에르 (Gruyere)	에망딸보다 약간 강한 맛	에망딸과 같은 종류의 치즈로 구멍의 크기가 작다.
파르메산 (Parmesan)	고소하고 약간 짠 맛	주로 분말로 만들어 사용하며 샐러드, 스파게티에 많이 사용된다.
이 담 (Edam)	부드러운 맛이 나며 약간 짠 맛	빨간 표피로 덮여 있어 '빨간 공'이라 불린다.
구 다 (Gouda)	이담보다 부드러운 맛	이담과 비슷한 빨간 표피로 덮여 있고 지방이 이담보다 많고 매끄러우며 탄력이 있다.
부르셍 (Boursin)	크리미하고 독특한 향내가 난다	70% 정도의 지방을 함유하고 있으며 parsely나 black pepper를 묻히기도 한다.
체 다 (Chedder)	약간 신맛이 나며 부드럽다	부담 없는 맛으로 누구나 좋아하는 치츠로서 흰색과 노란색이 있다.
고르곤 졸라 (Gorgonzola)	코를 찌르는 강한 냄새	청 녹색결이 퍼져 있는 이태리의 대표적인 푸른곰팡이 치즈이다.
스틸톤 (Stilton)	반경성의 감미로운 푸른색 곰팡이 치즈	지방이 많고 양질의 cow's milk가 주원료로 숙성기간이 길다.
록포르 (Roquefort)	블루 치즈 중에서 가장 유명하며 짜릿한 냄새와 자극적인 맛	프랑스 남부 록포르 지방에서 양젖으로 만들며 이 마을은 치즈 숙성에 적당한 자연동굴을 이용하는 것으로 유명하다.
뽀르 뒤 살뤼 (Port du salut)	진하고 섬세한 맛	프랑스의 'Port du salut' 수도원에서 처음 만들어진 치즈이다. 결이 섬세하고 탄력적이며 독특한 맛을 지니고 있다.
벨피스 (Belpaese)	달고 부드러운 맛과 과일향	감미롭고 온화한 맛과 독특하고 부드러운 맛을 느낄 수 있다. 숙성이 빠른 Table Cheese이다.

[까망메르, 브뤼, 에망딸, 그리에르, 파르메산, 브뤼셍, 이담, 구다, 스틸톤, 고르곤 졸라, 뽀르 뒤 살뤼, 록포르, 체다, 블루 치즈, 벨 피스]

나) 과 일

식물류의 씨앗을 가지고 있는 것으로 80~90% 수분으로 당도와 특유의 맛을 가지고 있다. 대부분 단맛과 특유의 맛을 가지고 있으며 보통 생으로 먹는 것이 일반적이다. 과일은 샐러드뿐만 아니라 전채, 가니쉬 등에도 자주 애용된다. 과일의 종류는 사과, 아보카도, 배, 감, 자두, 복숭아, 귤, 살구, 자몽, 멜론 등이 있다.

사과는 디저트로는 Apple Pie로 쓰이고 Fruit Salad와 Apple Sauce로 이용된다. 자몽은 전통적인 아침식사용 과일로 전채 또는 디저트 과일로 많이 쓰인다.

멜론은 Honeydew(미국에서 생산되는 매끄럽고 크림색이 난다), Musk Melon(겉이 거미줄 같이 줄이 그어져 있다), Cantaloupe(미국의 대표적인 멜론의 일종으로 겉은 Musk Melon과 비슷하고 과육은 오렌지색이다) 구분된다.

코코넛(coconut) 코코스야자의 열매이며 코코스야자는 말레이제도 원산으로 열대와 아열대지방에 퍼졌으며, 열대지방에서 중요한 경제식물로 용도가 다양하다.

망고스틴 원산지는 말레이시아이며 꼭지를 따고 손가락으로 양쪽을 세게 누르면 두 부분으로 갈라지면서 마늘같이 생긴 알맹이가 나온다.

망고 원산지는 말레이반도, 미얀마, 인도 북부이고 세계에서 가장 많이 재배되고 있는 열대 과일로 비타민 A가 풍부하다.

람부탄(또는 램부탄)의 원산지는 말레이시아이고 익기 전에는 밤송이처럼 생겼으며 익으면 붉은색을 띄어 멍게와 비슷한 모양이 되는 열대과일이다. 손에 힘을 주어 껍데기를 벗기면 달콤한 알맹이가 나온다.

두리안은 열대과일의 왕이라 불린다. 크고 맛있는 열매를 생산하지만, 냄새가 고약해서 싫어하는 사람도 있다.

파파야의 원산지는 열대 아메리카이고 남부에서만 생산되는 열대과일로 연중 내내 전국 어디서나 볼 수 있는 흔한 과일이기도 하다. 잘 익은 파파야의 겉은 호박처럼 딱딱한 껍질에 쌓여 있지만, 속은 붉은빛을 띠는 노란색으로 수분이 많고 달며 비타민 A와 C가 풍부하다.

아보카도(Avocado)는 지방 함유량이 30%에 달해 '숲속의 버터'란 별명이 있다. 악어 등처럼 울퉁불퉁한 껍질을 벗겨내면 노란색을 띤 부드러운 과육이 나온다. 그냥 먹기도 하고 빵에 발라 먹거나 샐러드로 만들어 먹기도 한다.

리치(Lizhi)는 특유의 상쾌한 맛 때문에 중국요리점에서 후식으로 종종 나온다. 약간 해동된 상태에서 칼로 살짝 흠집을 낸 껍질을 손으로 잡아당기면 반투명의 쫀득한 과육이 나온다. 달콤하고 상큼한 맛이 일품이다.

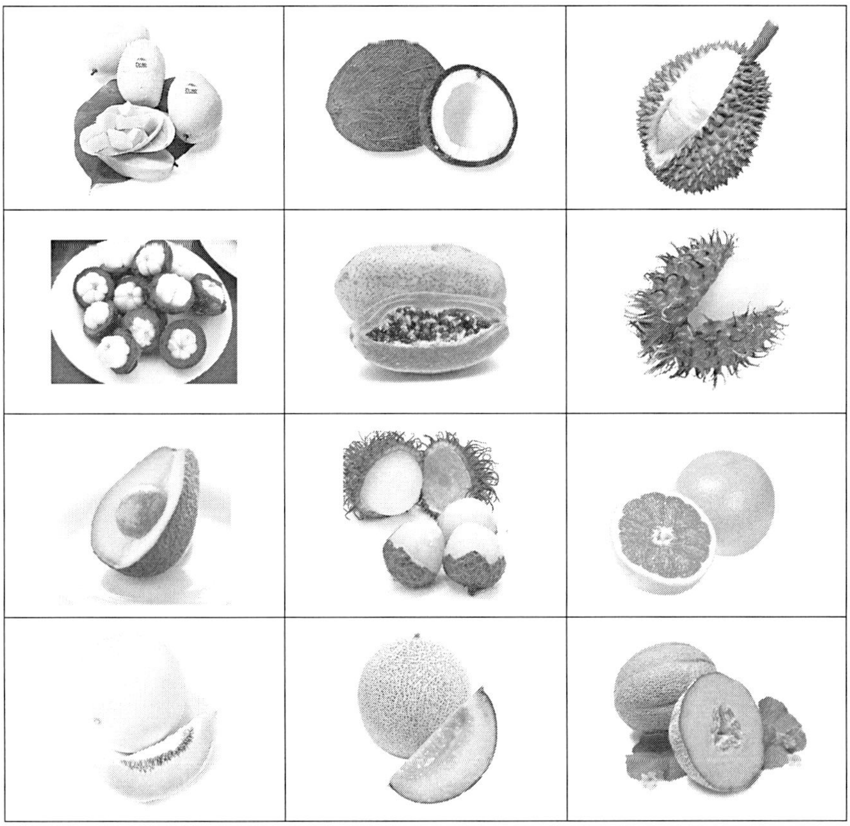

[망고, 코코넛, 두리안, 망고스틴, 파파야, 람부탄, 아보카도, 리치, 자몽 Honeydew, Musk Melon, Cantaloupe)

다) Sweet Dish

식사의 마지막 코스로 빠져서는 안 될 부분이며 특히 식사를 화려하게 장식해 주는 역할을 한다. 시각적인 측면이 고려되어 색깔, 장식 등이 섬세하게 만들어진 요리이다. 종류로는 아이스크림, 갸또(구운 케익), 파이, 푸딩, 샤벳, 뿌띠푸르(작은 케익) 등이 있다.

갸또(Gateau)는 계란, 설탕, 버터, 과일, 소맥분, 전분, 각종 향료 등을 사용해 구운 케이크를 말한다. 푸딩은 차가운 것과 뜨거운 것이 있는데 조리방법은 같다. 푸딩의 종류인 Bavarian은 우유, 계란 노른자, 설탕, 바닐라, Gelatin과 Whipped Cream 등을 기본으로 여러 가지 향료를 넣어 만든다. 뿌띠푸르는 한 입에 먹기 좋을 정도로 작게 만든 케이크로 장식과 색상이 화려하고 아름답다.

제3절 서양식 테이블 매너

1. 기본적인 매너

1) 예약은 필수이다

즐거운 분위기에서 식사를 하기 위해서는 예약이 선행되어야 한다. 레스토랑 측에 날짜, 시간, 성명, 인원수, 모임의 성격, 특별 주문 사항 등을 정확히 알려준다. 모임이 취소되었거나, 변경사항이 생겼을 경우, 미리 연락을 주는 것이 매너이다.

2) 자리에 앉을 때까지

테이블의 안내는 지배인이나 리셉션리스트에게 부탁한다. 단, 안내받은 자리가 마음에 들지 않을 때에는 다른 자리로의 변경을 정중하게 요청할 수 있다. 좌석이 미리 배정되어 있는 경우나, 그렇지 않을 때에도 남녀가 번갈아가며 앉는 것이 에티켓이며 이것은 대화를 이끌어가는 데 도움이 된다.

레스토랑에서의 상석은 전망이 좋은 곳, 좋은 그림을 감상할 수 있는 곳, 공연을 관람하기 좋은 곳, 왕래가 많지 않은 곳이 되며 이러한 자리에 중요한 손님, 고령자, 여성을 앉도록 하는 것이 좋다.

남성은 여성이 의자에 앉도록 도와주고 난 후 자리에 앉도록 한다. 여성은 남성이나 웨이터가 의자를 빼주면 왼쪽에서부터 의자 앞으로 가서 앉는다. 이때 의자에 깊숙이 상체를 반듯하게 세운 자세가 보기 좋다.

남녀 공히 손은 자연스럽게 테이블 위나 무릎 위에 둔다. 팔꿈치를 테이블 위에 놓는다거나 턱을 괴는 행동은 금물이다.

테이블에 앉아서는 테이블과 몸 사이의 간격을 적당히 유지하는 것이 자연스러운 움직임을 위해 필요하다. 주먹 두 개 정도의 간격이 바람직하며, 코스가 시작된 후 의자의 위치를 자꾸 바꾸는 것은 좋지 않다.

3) 냅킨 사용 방법

냅킨은 모두가 자리에 낮고 난 뒤, 특히 주인이 냅킨을 편 후 펴는 것이 좋다. 기본적으로 무릎 위에 놓고 사용하지만 흔들리는 교통수단(비행기, 기차 등)에서의 식사일 경우 셔츠의 단추 구멍에 꽂기도 한다. 식사 중 입을 가볍게 눌러가며 사용하는 용도이지 세게 문질러 닦는 용도는 아니다. 특히 땀을 닦는다거나 코를 푸는 등의 행동은 금물이다.

냅킨은 반으로 접어 갈라진 쪽이 몸을 향하도록 두고, 사용할 때에는 펴서 안쪽으로 사용한 후 다시 접어 두는 방법으로 사용하는 것이 보기 좋다. 특히 여성의 경우 립스틱이 묻는 것을 될 수 있으면 많이 보지 않도록 한다. 식사를 마친 후 냅킨은 되는대로 접어 테이블 위에 놓고 나오면 된다.

4) 나이프와 포크의 사용

중앙의 접시를 기준으로 오른쪽에 나이프가, 왼쪽에 포크가 세팅된다. 코스에 따라 개수는 달라지지만 바깥쪽으로부터 사용하면 무리가 없다. 식사 중에는 접시 양 끝에 걸쳐 놓는다. 포크는 흔히 엎어 놓는다. 식사가 끝난 후에는 접시 중안 윗부분에 나란히 놓는다. 순서는 바깥쪽부터 나이프, 포크, 스푼의 순이다. 나이프와 포크는 손목을 움직여 가볍게 사용하도록 하며, 힘이 너무 들어가 팔꿈치가 벌어지는 모습은 보기 좋지 않다. 나이프와 포크를 떨어뜨렸을 때는 직접 줍지 않고 웨이터에게 새것을 부탁한다. 대화 도중 나이프를 들고 손을 움직이는 것은 불안한 행동이다.

2. 자신 있게 음식 먹는 방법

우리와 익숙하지 않은 재료가 접시에 올라오게 되고 특히 나이프와 포크를 사용하기가 쉽지 않을 경우, 이럴 경우 먹어야 할까, 말아야 할까 당황하기 쉽다. 먹는 법이 특이한 음식에 대해 알아보자.

1) Finger Food

손으로 먹어도 되는 음식

- 옥수수 : 양쪽의 은제 막대기를 잡고 돌려가며 깨끗하게 먹는다.
- 베이컨 : 아침식사의 수분이 많은 것은 포크로, 그 외의 바삭바삭한 것은

손으로 먹어도 무방하다.

- 칵테일 가니쉬(체리, 올리브 등) : 장식된 채로 먹거나 꺼내어 먹는다.
- 살짝 데친 작은 새우 : 손으로 먹은 후 핑거 보울(Finger Bowl)을 사용한다.
- 체리 토마토 : 씹을 때 물기가 튀는 것에 주의한다.
- 피자 : 커터를 이용해 삼각형으로 자른 후 손으로 먹는다.
- 샌드위치 : 핑거 샌드위치나 콜드 샌드위치는 손으로 먹는다. 그 외의 샌드위치는 나이프와 포크를 사용하는 것이 좋다.
- 아스파라거스 : 딱딱한 줄기가 있는 경우는 손으로, 연한 부위일 경우는 포크로 먹는다.

2) 아티쵸크

잎사귀는 손으로 하나씩 떼어 소스를 묻혀 먹는다. 가시 부분은 나이프로 긁어내고, 부드러운 줄기는 포크로 먹는다.

3) 삶은 계란

에그 스탠드에 서비스되며 스푼으로 계란과 기물의 경계선을 톡톡 두드려 껍질을 깨서 벗겨낸 후 떠먹는다.

4) 스파게티

포크와 스푼으로 먹는다. 왼손의 스푼에 오른손의 포크를 대고 스파게티를 감아서 먹는다. 포크만이 나올 경우 접시의 끝부분에 대고 포크에 감아 먹는다.

3. 요리로 본 테이블 매너

1) 식전 주의 매너

타액과 위액의 분비를 촉진하여 식욕을 증진시키는 목적 외에 식사에 들어가기 전 구성원간의 분위기를 부드럽게 만든다. 그러므로 술을 못하는 사람도 진저에일이나 주스 등으로 같이 참여하는 것이 좋다.

식전 주는 성격상 찬 음료일 경우가 많다. 손의 온도로 인해 맛이 변하지 않도록 글라스의 목부분(STEM)을 잡고 마신다. 식전 주는 1~2잔 정도로 충분하며 식사 전에 너무 많이 마셔 취하는 일이 없도록 한다.

2) 전채요리의 매너

식전 주와 마찬가지로 식욕을 촉진하는 목적의 음식이므로 너무 많이 먹지 않도록 한다. 요리는 가장 좋은 온도에서 서비스되므로 나오는 대로 먹는 것이 좋다. 단 식사의 시작은 다르더라도 끝은 같이 하도록 하는 것이 좋다. 전채요리의 종류는 무한하며 모양과 맛이 식욕을 증진시킨다면 무엇이나 전채요리가 될 수 있는 것이다.

- 차가운 전채요리 : 굴요리, 새우 칵테일, 훈제연어, 캐비어, 프와그라, 카나페
- 따뜻한 전채요리 : 달팽이 요리, 파이, 전유어

3) 수프의 매너

크게 콘소메와 포타쥬의 두 종류로 나눌 수 있으며 연한 맛의 콘소메는 진한 맛의 주요리를, 진한 맛의 포타쥬는 담백한 요리를 주문하는 것이 좋은 메뉴 선택이라고 할 수 있다.

수프용 스푼은 위쪽 부분을 가볍게 잡고 수프를 뜬 후 국물이 테이블보에 떨어지지 않도록 접시에서 멈춘 후 먹도록 한다. 소리를 내거나 후후 불며 먹는 것은 좋지 않은 매너이다. 수프에 빵을 뜯어 넣어 먹는 것은 공식적인 자리에서 삼가는 것이 좋다. 손잡이가 달린 컵은 들고 마셔도 좋으나 스푼을

넣은 채로 마시지는 않는다.

4) 빵의 매너

자신의 왼쪽에 놓인 빵 접시를 이용하여 웨이터가 바스켓으로 서비스할 경우는 먹고자 하는 빵을 가리키거나 직접 손으로 집으면 된다. 이때 이것저것 만지지 않도록 한다.

빵은 계속 리필이 되나, 요리와 요리 사이에 입맛을 전환하는 용도이므로 너무 많이 먹지 않는다. 토스트를 제외한 빵은 모두 손으로 적당히 뜯어서 먹으며 하드롤처럼 부서지기 쉬운 빵을 먹을 때는 빵 접시 위에서 잘라 식탁에 가루가 떨어지지 않도록 한다. 그러나 가루가 떨어진 경우라도 손으로 털거나 할 필요는 없다.

크로와상, 머핀, 토스트, 브리오쉬 등의 아침식사용 빵은 점심, 저녁에는 제공되지 않는다. 잼과 마멀레이드도 마찬가지다.

5) 와인의 매너

와인은 선채요리부터 시삭하여 디서트 코스 선까지 계속 마시는 식중주이다. 와인을 마시기 전에는 반드시 냅킨으로 입 주위를 닦아 기름기가 글라스에 묻지 않도록 한다. 또 입에 음식물이 있는 채 와인을 마시게 되면 와인의 맛을 음미할 수가 없다.

와인의 서비스는 웨이터가 하며 따를 때 잔을 들어 줄 필요는 없다. 또 와인의 잔량이 1/3이 되면 계속해서 리필을 하게 되어 있으므로 사양하고 싶을 경우에는 글라스에 가볍게 손을 대어 그만 마시겠다는 사인을 보내면 된다.

6) 주요리의 매너

생선 요리가 통째로 나오는 경우는 포크로 머리 부분을 고정하고 나이프로 머리, 꼬리, 지느러미의 순으로 잘라낸 후 접시의 한구석에 모아 놓는다. 왼쪽에서 오른쪽으로 나이프를 눕혀 살을 발라낸 후 먹으며 위 부분을 다 먹으면 뼈를 발라내어 한 구석에 놓고 아래 부분을 먹는 방법으로 즐기면 된다. 생선요리를 먹을 때 간혹 가시가 입에 들어가면 손으로 입을 가리고 포크에 살짝 빼내어 접시 가장자리에 놓는다.

생선요리에는 레몬이 곁들여 나오는 경우가 많은데 별도의 웨지로 나올 경우에는 다른 사람에게 즙이 튀지 않도록 한손으로 가린 후 요리위에 골고루 짜서 먹는다. 생선 위에 슬라이스로 올라가 있는 경우라면 나이프로 눌러 요리에 잘 베도록 한다.

새우나 게 등의 해산물 요리는 손을 써서 먹게 되므로 식사 후에 나오는 핑거 보울을 이용하도록 한다.

달팽이 요리는 왼손으로 달팽이 요리용 홀더를 이용하여 달팽이를 고정하고 오른손으로는 역시 달팽이용 포크로 살을 발라내어 먹는다. 껍질안의 육수가 진미이므로 손으로 들어 마시도록 한다.

서양식의 육류요리에서 소스는 큰 의미를 가진다. 거의 모든 메뉴에 소스명이 함께 기재되어 있는 것을 보면 알 수 있다. 소스는 접시에 같이 나오거나 또는 따로 서비스되기도 하므로 요리가 나온 뒤 잠시 기다려 보아 소스가 나오지 않으면 먹기 시작한다.

소스는 처음부터 요리에 뿌리기보다는 접시 안쪽에 적당량을 던 후 묻혀가며 먹는 것이 좋다.

육류요리를 주문받을 경우 굽기의 정도로 함께 주문을 받는데 많이 구울수록 육즙이 감소하여 다소 질기게 느껴지는 경향이 있다. 고기를 자를 때 나오는 육즙은 피라기보다는 고기의 열을 받을 때 나오는 엑기스이다.

고기를 자를 때는 세로방향으로 잘라 먹으며 왼손의 포크로 먹는 것이 기본이나 오른손으로 포크를 옮겨 먹어도 에티켓에 벗어나지는 않는다.

7) 샐러드를 포함한 야채의 매너

주요리에 곁들여지는 야채 가니쉬 중 콩류는 포크로 납작하게 만들어 먹거나 또는 빵으로 눌러 가며 떠먹는 방법을 택하면 된다. 구운 감자는 보통 사워크림, 실파, 다진 베이컨 등과 곁들여 먹으며 껍질은 먹어도 좋다. 샐러드는 고기요리와 번갈아가며 먹으면 소화를 돕는데 영미인은 고기요리 전에 프랑스인은 고기요리 후에 먹는 것이 특색이다. 샐러드의 소스는 특별히 드레싱으로 구분한다. 샐러드는 포크만으로 먹지만 잎이 넓은 양상치의 경우는 나이프를 함께 사용하기도 한다.

8) 디저트의 매너

치즈의 경우는 디저트에 포함시키거나 프랑스에서는 디저트 전에 하나의 코스로 분리하기도 한다. 치즈는 비스켓이나 하드롤 같은 빵과 곁들여 먹으며 적포도주와 잘 어울린다.

과일이 디저트로 나오는 경우 수분이 많은 멜론이나 오렌지, 그레이프 프루트 등이 반달형으로 서비스될 경우 스푼으로 떠먹으면 된다.

푸딩, 아이스크림, 쿠키나 파이 등이 대표적이며 기본적으로 마른 종류는 나오지 않는다.

9) 식후 주의 매너

남성 취향의 브랜디와 여성 취향의 리큐어가 대표적이며, 브랜디 글라스는 손으로 감싸듯 쥐어 손의 온도로 데워가며 마셔야 더욱 좋은 향을 즐길 수 있다.

식후 주로 그리 강하지 않은 음료를 즐기고 싶다면 약간의 알코올이 첨가된 커피(아이리쉬 커피, 카페 로얄 등)를 택하는 것도 함께 어울리기 좋은 방법이다.

4. 국가별 테이블 매너

1) 이탈리아

고급식당은 Ristorante, 간단한 식사를 위한 곳은 Pizzeria 등으로 구분한다. 기본적으로 안티파스티(Antipasti : 전채), 프리미 피아티(Primi Piatti : 첫 번째 접시), 세콘디 피아티(Secondi Piatti : 두 번째 접시), 포르마지오(Formaggio : 치즈), 카페(Cafe : 커피)등으로 메뉴가 구성된다.

규칙이 그다지 엄격한 편은 아니지만 이탈리아인들은 파스타나 리조또, 수프 등의 '프리미 피아티'와 육류나 생선요리의 '세콘디 피아티'를 함께 먹어야 식사를 했다고 여기는 경향이 있다.

파스타는 밀가루를 물과 계란으로 반죽한 요리의 의미이며 모양에 따라 페투치네, 라자냐, 펜네, 스파게티, 라비올리, 토텔리니 등의 여러 가지 이름으로 구분된다.

피자는 이탈리아의 대표적 음식이며 미국의 것에 비해 반죽이 없다. 손으로 들고 먹어도 무방하나 고급 식당에서는 나이프와 포크를 사용해 먹기도 한다.

리조또는 쌀을 버터나 올리브유로 볶아 양파, 닭고기, 치즈 등을 넣고 만든 요리이다. 뜨거울 때 포크로 떠먹는다.

2) 중 국

원형탁자가 있는 방에서는 안쪽이 상석, 입구 쪽이 말석이다. 냅킨과 별도로 물수건이 서비스되며 손을 사용하여 먹는 요리가 끝난 후에는 핑거 보울의 개념으로 새로운 물수건이 서비스된다.

테이블 안쪽에 회전탁자가 더 있는 것이 보통이며 요리를 돌려가며 덜어먹는데 이때는 요리에 담긴 젓가락을 사용한다. 다른 사람과 중복되지 않도록 하는 것이 좋으며, 먹을 만큼 던 후 요리를 덜고자 하는 다른 사람 쪽으로 밀어주는 것도 좋은 매너이다.

레스토랑의 경우에는 웨이터가 일일이 개인접시에 덜어준다. 중국 음식의 기본 소스는 간장, 식초, 라유(고추기름)이며 개인별로 종지가 서비스되므로 소스용 접시에 취향대로 만들어 놓은 후 요리를 찍어 먹는다. 젓가락을 기본으로 사용하여 렝게(사기스푼)로는 수프나 국물이 있는 요리를 먹는다.

중국요리에서의 차는 식사 중 계속 서비스되며 한 가지 요리가 끝날 때마다 음식의 잔미를 없애는 개념이다. 오른손으로 찻잔을 감싸 쥐고 왼손으로 밑을 받쳐 조용히 음미하듯 마신다.

수프나 요리를 먹고 난 후 중국빵(화권)으로 남은 국물이나 소스를 찍어 먹어도 무방하다.

제10장 식기

제1절 식기의 정의 및 역사
제2절 식기의 종류

제1절 식기의 정의 및 역사

1. 식기의 정의

식기는 식사에 사용하는 기구의 총칭으로 일반적으로는 주식, 부식, 음료 등을 담는 도구를 말하지만 넓게는 음식물을 만드는 조리기구도 포함한다.

2. 식기의 역사

1) 요리를 담는 식기

주발과 접시 등 식기의 기원은 고대유적에서 발굴되는 소수의 유물에서 추측할 수밖에 없다. 구석기시대에는 토기가 만들어져 있지 않았기 때문에 나뭇잎이나 돌을 식기로 사용했을 것이다. 지금도 덥고 비가 많은 지역에서 채집, 수렵을 생업으로 하는 사회에서는 나뭇잎을 식기로 사용하고 있다. 이와 같은 엽명 문화권(葉皿文化圈)은 인도에서 동남아시아, 오세아니아에 걸쳐 널리 분포해 있었다. 인도나 네팔의 힌두문화권에서는 사라수(沙羅樹) 잎을 대오리로 꿰매 맞춘 접시를 일상적으로, 또 의례(儀禮) 때에 사용하였고 오세아니아에서는 타로토란이나 바나나 잎을, 동남아시아의 자바에서는 오갈피나무과 식물의 잎을 사용하였다.

본격적인 식기를 만들기 시작한 것은 농경목축단계에 들어서면서 부터다. 농경목축이 시작되자 토기를 만들게 되었다. 그러나 토기는 음식물을 저장하거나 조리하는 기구로 사용되는 일이 많았고, 음식물을 담는 접시류가 나타난 것은 훨씬 뒤의 일이다. 아프리카나 동남아시아 산지에 사는 주민들의 일반적 식사양식은 가족이 함께 커다란 나무그릇이나 바구니에 담은 음식을 손으로 먹는 형태여서 식기는 모두 공식기(共食器)였다. 그러나 한국, 중국, 유럽 등 고도로 문명이 발달한 사회에서는 공식기와 개인용 식기를 함께 사용하였는데, 특히 한국, 인도 등에서는 개인용 식기가 매우 발달했다.

2) 요리를 집는 식기

젓가락, 숟가락, 국자, 나이프, 포크 등이 있다. 이러한 도구를 사용하는 문화를 크게 분류하면 젓가락문화권과 나이프, 포크문화권으로 나눌 수 있다. 젓가락을 사용하여 음식을 먹는 사람들은 쌀을 주식으로 하는 한국, 중국, 일본, 베트남 사람들이다. 젓가락은 중국 은(殷)나라 시대에 이미 사용되고 있었으며 한민족(漢民族)에 의해 계승, 발전했다. 한국에서는 숟가락이 주가 되고 젓가락이 종이 되는 식사양식이 지켜지고 있으며, 중국과 일본에서는 젓가락이 주가 되거나 젓가락만으로 식사를 하고 있다.

유럽의 나이프, 포크문화는 젓가락문화보다 발생시기가 훨씬 늦다. 레오나르도 다 빈치나 같은 시대의 다른 화가가 그린 식사광경 그림에도 고기를 자르는 나이프는 그려져 있지만, 포크나 스푼은 그려져 있지 않다. 포크는 16세기 무렵 이탈리아에서 처음 사용하였으며 이것이 북방으로 전파되었고 반대로 스푼은 북유럽에서 생겨나 남쪽으로 전해졌다. 유럽에서 손으로 먹는 식사법에서 나이프, 포크, 스푼의 식사법으로 완전히 바뀐 것은 18세기 중반부터였다.

3) 음료를 담는 식기

찻잔, 주기(酒器 : 술병, 잔, 조끼, 글라스), 컵, 텀블러, 커피잔등이 있다. 미개사회에서 술잔은 야자열매의 껍질, 대나무통, 쇠뿔 등 자연물을 이용한 것이 많았다. 그러나 고대 및 미개사회의 주기는 일반적으로 술에 한정하지 않고 보통의 식기로서 쓰였던 것으로 짐작된다. 음료를 넣는 그릇도 이슬람세계처럼 하나의 그릇으로 모두가 돌려 마시는 문화와 한국, 중국, 인도와 같이 개인용 식기를 사용하는 문화가 있다.

4) 기 타

재료나 조리된 음식물을 저장, 보존하는 식기인 밥통, 보온병, 단지, 항아리, 술병 등과 음식을 올려놓는 도구인 상, 쟁반 등이 있다.

제2절 식기의 종류

1. 한국의 식기

식기의 역사는 수렵, 어로의 식생활양식을 영위하였던 신석기시대까지 거슬러 올라가는데 이때의 식기는 빗살무늬토기였다. 청동기시대에 이르러 빗살무늬토기에서 민무늬토기로 바뀌었고 붉은 간토기와 목기류, 칠기류 등이 공존하였다. 삼국시대로 오면서 상, 하층으로 구분된 사회제도와, 주, 부식의 정착으로 재료나 종류면에서 매우 다양해졌다. 재료면에서 보면 앞시대에서 전승된 토기류와 칠기류 외에도 상류층의 기호에 따라 등장한 금은기, 도금기(鍍金器) 등이 있었다. 또한 종류면에서는 오지합(盒)과 같은 주식용 기명(器皿)을 비롯하여 반찬거리를 담는 굽다리접시[高杯], 각종 조미료를 담는 기명 등이 있었다. 또한 항아리, 쌀독, 변두, 보 등도 있었다. 고려의 식기에는 철기, 금은기, 금은도기, 자기, 놋그릇 등이 있었다. 이들 중 대표적인 고려시대의 식기는 청자기와 놋그릇이었다.

조선시대에는 유기뿐만 아니라 백자를 주축으로 하는 새로운 식기류가 등장하였다. 백자의 색은 명(明)나라 자기의 순백색과는 달리 우윳빛의 유백색을 띠고 있는 것이 특징이다. 조선시대의 식기로는 유기와 백자 외에도 사기, 질그릇, 목기류, 곱돌솥 등이 있었다. 사기는 서민용으로 쓰였고, 목기류는 작은 그릇에서 함지박이나 바가지류, 각종 제기에 이르기까지 다양하였다. 한편 곱돌솥은 특수 조리용구로 사용되었다. 결국 조선시대는 반상기를 비롯한 각종 식기의 완성기였다고 볼 수 있다. 조선 후기에는 서양문물의 도입과 함께 양은이 식기의 재료로 등장하였고 서양풍의 평접시가 유행하게 되었다.

식사용 한식기에는 밥을 담는 반기, 국이나 숭늉을 담는 대접, 국수장국, 떡국, 밥, 약식 등을 주로 담는 합, 국수장국, 떡국, 비빔밥 등을 담는 반병두리, 밥, 국, 김치, 나물 등을 담는 바리때, 쟁첩, 접시, 보시기, 옹파리, 종지 등과 같은 반찬그릇, 술잔, 숟가락 등이 있으며 조리용 식기에는 솥, 냄비, 뚝배기, 조림을 할때 쓰는 오지냄비, 바가지, 쌀을 씻는 용기인 이남박, 질그릇의 한 가지인 옹배기, 자배기, 양푼, 바구니, 시루 등이 있다.

2. 중국의 식기

은(殷), 주(周)시대부터 용도별로 여러 가지 식기가 사용되었다. 일상적으로 사용된 것은 토기였지만, 제기(祭器)는 청동제였다. 제기에서 추측해 보면, 당시에는 정(鼎 : 세 발에 양손잡이가 달린, 고기를 찌는 도구)에서 필(畢 : 포크모양의 도구)과 비(匕 : 큰 숟가락)로 고기를 꺼내 도마 위에 올려놓고 고기를 나누어 각자가 손으로 집어먹은 듯하다. 또 술이나 국물을 마실 때에는 사(柶)라는 가늘고 긴 숟가락을 사용하였다. 한(漢)나라 때에는 요리를 접시에 담아 안(案)이라는, 책상보다 낮은 상에 올려놓고 숟가락과 더불어 젓가락을 써서 먹었다. 이와 같이 상에 요리를 올려놓는 형식은 한국과 일본에서도 발달했다. 그러나 중국에서는 남북조(南北朝) 이후, 안의 높이가 차츰 높아져 당(唐)나라에서는 마침내 식탁과 의자를 사용하게 되었고 오대십국시대(五代十國時代) 이후는 식탁과 의자에 의한 식사가 일반화되었다. 식기의 재료로 육조시대(六朝時代) 이후에는 도기와 칠기를 사용하였는데 특히 느릅나무를 재료로 하여 녹로를 돌려 만든 칠기접시나 주발을 많이 사용하였다.

3. 서양의 식기

유럽에서는 17세기 중반까지 큰 접시에 담은 음식을 함께 손으로 집어먹고 핑거볼의 물로 손을 씻고 수건으로 닦는 식사양식이었다. 큰 접시는 청동제나 도제(陶製)였고, 금이나 은으로 만든 것도 있었다. 요리용 나이프는 청동제, 주기는 도기, 나무, 유리제품이 많았다. 16세기에는 개인용 식기의 보급과 병행하여 포크와 스푼을 쓰기 시작했다. 스푼을 각자가 휴대하는 풍습이 생겼고 여행할 때 나이프와 포크를 휴대하는 풍습이 있는 지방도 있었다. 스푼에는 각종 신앙이나 풍습이 따르는 경우도 많았다. 예를 들면 중세 북유럽에서는 액을 막거나 행복을 가져오기 위해 나무스푼에 조각을 하였다. 영국에서는 아이들이 세례(洗禮)를 받을 때 이름을 지어준 사람이 자루에 그리스도 12제자의 상(像)을 새긴 한 벌의 스푼을 아이에게 주는 풍습이 있어 "사도(使徒)의 스푼"이라고 하였다. 한편 17세기에 들어 땜납이라는 납과 주석의 합금이 나타나 스푼과 접시, 단지를 가공이 간단한 백랍으로 만들게 되었고, 18세기에는 마이센자기(磁器)가 만들어지면서 오늘날 서양요리에서 쓰는 식기가 대부분 갖추어지게 되었다.

양식기는 접시가 대부분이며 이 밖에 여러 가지 모양과 크기의 볼, 글라스, 컵, 나이프, 포크, 스푼 등이 있다. 접시에는 오르되브르를 담는 큰 접시, 개인접시, 빵접시, 수프접시, 고기접시, 과일접시, 디저트접시 등이 있으며 디저트접시가 접시 중에서 가장 용도가 넓다. 볼에는 샐러드볼, 펀치볼, 핑거볼, 컵에는 수프용, 음료용, 우유용, 글라스에는 술잔, 텀블러, 고블릿 등이 있다.

4. Grass의 용도와 종류

서양에서 음료는 요리를 맛있게 먹기 위해 전 코스를 통해 단계적으로 바꿔가면서 요리와 어울리는 음료나 술을 마시게 된다. Grass는 다양한 음료와 술의 종류에 따라 사용하는 형태가 다르게 정해져 있다.

일반 가정에서 가장 흔히 사용되는 잔으로는 물 잔, 와인 잔, 샴페인 잔, 아이스티 잔, 위스키 음료수잔 등이 기본이다. 이 밖에 꽃병, 샐러드 볼, 페디스털 볼, 과일용 볼, 사탕 그릇 등 다양한 유리그릇이 있다.

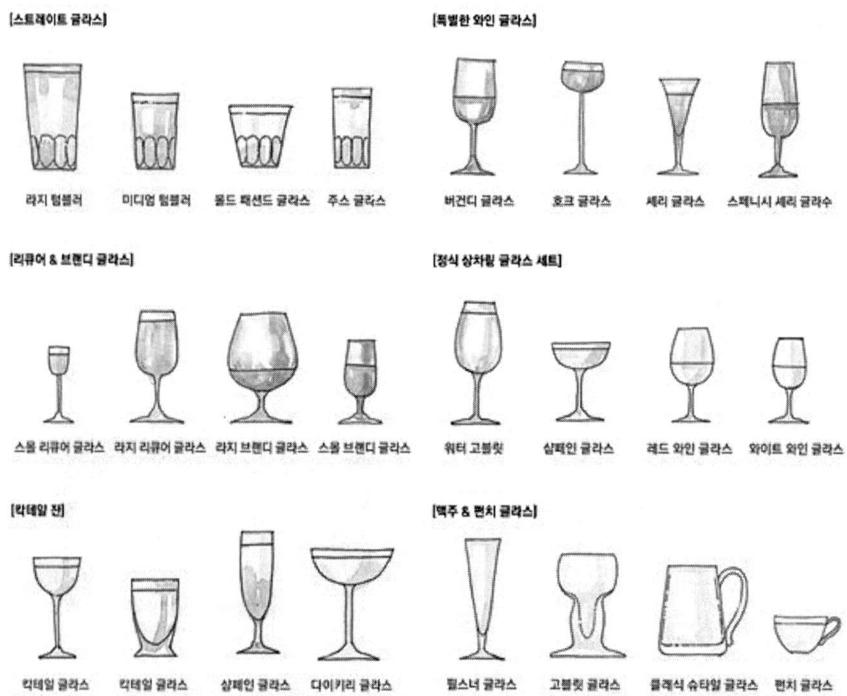

5. 서양 식탁차림

식탁의 구성요소는 냅킨, Dish, 포크, 나이프, 글래스 등이 필요하다. 일상적인 상차림에서보다 여러 가지 종류의 식기를 갖추어야 한다. 일반적으로 고기류 등의 주요리를 담는 큰 접시, 생선 요리용 중간 접시 위에 수프 볼을 올려놓는다. 그 밖에 샐러드 볼, 빵 접시, 커피 잔 세트 등도 놓인다. 테이블 세팅에서는 한 사람이 차지해야 할 범위를 정하고 자리잡이 접시를 식탁 끝에서 5cm 정도 들여다 놓는다. 나이프와 포크는 기본적으로 식사의 순서에 따라 바깥쪽부터 안쪽으로 사용하도록 배치한다.

나이프의 날은 접시 쪽을 향하고 손잡이의 끝들은 접시 끝과 나란히 일치해야 한다. 후식용 스푼이나 포크는 정식으로는 나중에 추가되나 요즘은 처음부터 큰 접시 위쪽에 아이스크림용 스푼, 과일용 나이프 또는 포크와 커피 스푼 등을 사용하는 순서에 따라 역시 바깥쪽에서부터 안쪽의 순서로 놓는다.

빵 접시는 포크 위쪽에 놓으며 버터 나이프를 곁들인다. 글라스류는 나이프와 스푼 위쪽에 놓는데, 대개 물 잔과 와인 잔이 놓인다. 정식의 경우 물 잔은 고블릿을 사용하며, 이 때 크리스탈이면 더욱 좋다. 고기 요리에는 와인 잔에 적포도주를 서브하며, 생선 요리일 때는 백포도주를 서브한다. 왼쪽의 상차림은 서양식 정식 상차림의 한 예로 주요리를 담는 큰 접시 중간 접시 위에 수프 볼을 올려놓는다. 포크 3개와 나이프, 티스푼, 수프용 스푼이 놓여 있어 수프와 샐러드, 주요리 후에 디저트가 나오게 되어 있음을 알 수 있다. 우리 나라에서는 후식용 포크와 스푼을 주식용 큰 접시 위쪽에 가로로 놓는 경우가 많은데 이는 커피를 반드시 후식에서만 마신다고 생각하기 때문이다.

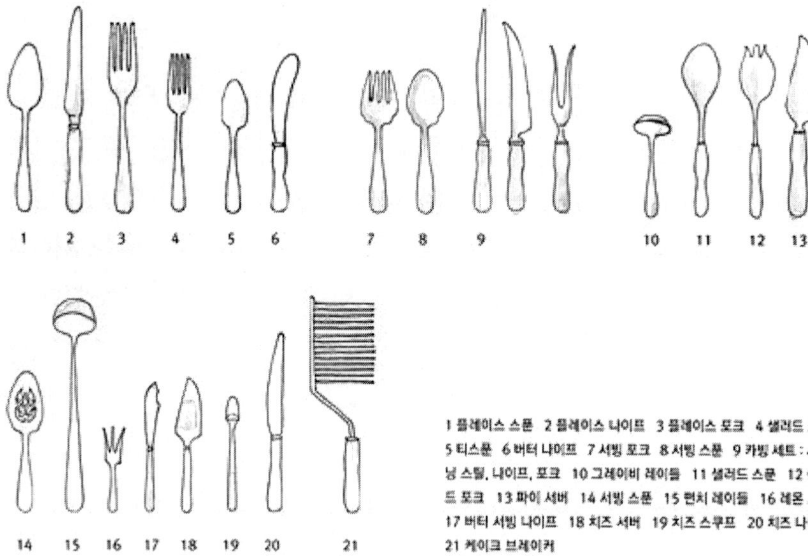

1 플레이스 스푼 2 플레이스 나이프 3 플레이스 포크 4 샐러드 포크 5 티스푼 6 버터 나이프 7 서빙 포크 8 서빙 스푼 9 카빙 세트 : 샤프닝 스틸, 나이프, 포크 10 그레이비 레이들 11 샐러드 스푼 12 샐러드 포크 13 파이 서버 14 서빙 스푼 15 펀치 레이들 16 레몬 포크 17 버터 서빙 나이프 18 치즈 서버 19 치즈 스쿠프 20 치즈 나이프 21 케이크 브레이커

제11장 기내식의 이해

제1절 기내식 개요 및 변경
제2절 기내식 종류 및 구성

제1절 기내식 개요 및 변경

1. 기내식 개요

기내식 음료란 비행기에서 승객에게 제공되는 음식물로서 항공기 출발 전 각 공항의 기내식 공급회사에 의해 기내 기물을 이용, 기내 탑재, 기내 주방에 의해 미리 계획된 스케줄에 따라 각종 식음료와 함께 승객에게 제공되어 진다. 이러한 기내식 서비스는 고객에게 항공사의 이미지를 격상 시킬 수 있으며 국위를 선양시키는 역할도 한다.

한정된 공간에서 서비스 되어야 한다는 조건 때문에 총열량을 저칼로리 음식으로 구성하고 있으며 항공사 별로 기내식에 건강과 관련한 음식이 다양하게 실리고 자사 고유의 이미지를 살려 고객들이 좋아하고 선호하는 기내식 개발에 지속적인 노력을 하고 있다.

기내식은 노선의 특성에 맞게 한식, 양식, 일식, 중국식 및 현지 메뉴도 다양하게 선보이고 있으며 비행시간과 객실 등급, 비행구간에 따라 다르게 서비스 되고 있다.

세계의 거의 모든 항공사에서는 1등석의 승객들에게 풀코스로 서비스를 하고 그 밖의 승객에게는 쟁반에 미리 준비한 음식을 제공하는 것이 보통이다. 특수한 경우로서, 인종·종교적 이유 때문에 특별식을 요구하는 승객에게는 탑승 예약을 할 때 미리 주문을 받아 별도의 음식을 제공하기도 하는데, 이와 같은 특별식으로는 종교에 따라 유대교인을 위한 코셔밀, 힌두교도를 위한 쇠고기를 뺀 음식, 회교도를 위한 돼지고기를 뺀 음식, 건강에 따라 채식주의자를 위한 채소요리 및 유아에게 제공되는 유아식, 환자의 주문에 따른 환자식 등 스페셜밀(special meal)이 제공되고 있다.

고객 감동을 위한 기내식의 요구를 충족시키기 위해서 메뉴의 선정, 효율적인 서비스 매너, 알맞은 보조용품 조달관리까지 세심한 주의가 필요하다.

2. 기내식의 변경

기내식사의 메뉴는 고객의 호응과 반응에 따라 그리고 주변여건에 따라 주기적으로 변화를 주고 있다. 변경 메뉴는 1, 2월에 'A' Cycle Menu, 3, 4월에 'B' Cycle Menu, 5, 6월에 'C' Cycle Menu의 순으로 변경하고 다시 A, B, C순으로 변경하기 위해 새로운 메뉴 프리젠테이션을 한다.

제2절 기내식 종류 및 구성

1. 기내식의 종류

① 일반적으로 서양식사의 형식에는 크게 Breakfast, Lunch, Dinner, Snack으로 나눌 수 있다.

② 비행시간에 따라 Hot Meal과 Cold Meal로 나뉜다.
- Hot Meal : 비행시간이 2시간 이상인 경우 제공되는 음식
- Cold Meal : 비행시간이 2시간 이내인 경우 제공되는 음식

③ 비행구간에 따라 서비스 되는 식사의 횟수
- 1번 서비스 되는 구간 : 비행시간 6시간 이내
- 2번 서비스 되는 구간 : 비행시간 6시간 이상
- 3번 서비스 되는 구간 : 비행시간 12시간 이상

④ 노선 구분에 따른 비행
- 단거리 노선 : 비행 3시간 이하 전 flight
- 중거리 노선 : 비행 3~7시간 전 flight
- 장거리 노선 : 비행 7시간 이상 전 flight

⑤ 비행구간에 따라 제공되는 기내식의 종류
- Breakfast : 오선 5시-----오전 9시

- Brunch : 오전 9시 ----- 오전 11시
- Lunch : 오전 11시 ----- 오후 2시
- Dinner : 오후 6시 ----- 오후 10시
- Supper : 오후 10시 ----- 오전 1시
- 기타시간 : refreshment or light meal

2. 기내식 구성

1) First Class

가) 고급화 및 차별화된 물적 서비스 제공

- 타 클래스와는 달리 First Class는 격조 높은 고급 호텔 레스토랑 수준의 정통 서양식
- 코스별 서비스로 메뉴, 음료, 기물 등 최상위 클래스에 걸맞는 고급화, 차별화 된 서비스를 제공한다.

나) 전통 한식 제공

- 국적 항공사 이미지에 맞는 이미지 제고 및 내국인 승객의 요구에 부응

하기 위한 다양한 전통 한정식을 제공한다.

- 주요리로는 불갈비, 비빔밥, 북어국, 도가니탕, 꼬리곰탕, 온면, 냉국수, 죽, 떡만두국, 라면 등이 제공된다.
- 한식 디저트로는 두텁떡, 증편 등을 서비스하며, 오미자, 수정과, 화과자 등을 제공한다.

다) 고급 와인 제공

- 최상위 클래스인 First Class에서는 승객 환대의 중요한 요소로 평가되는 와인 서비스의 품격을 갖추기 위해 고급 french wine, 독일, 이태리, 비국, 칠레 와인 등을 함께 제공한다.

First Class 서비스 procedure

1'st Lunch	2'nd Dinner
· WINE LIST · APERITIF ORDER TAKING · HOT TOWEL · TABLE OPENING · APERITIF · MENU BOOK · MENU ORDER TAKING · TABLECLOTH SPREAD & TABLEWARE · WATER · BREAD · WINE · HORS D'OEUVRE · SOUP · SALAD · MAIN DISH · TOOTHPICK · CONDIMENT SET & TABLECLOTH 회수 · CHEESE & FRUIT	· APERITIF / MENU ORDFR TAKING · HOT TOWEL · TABLE OPENING · APERITIF · TABLECLOTH SPREAD & TABLEWARE · WATER · BREAD · WINE · SALAD · MAIN DISH · TOOTHPICK · CONDIMENT SET 회수 · FRUIT · 2'nd HOT TOWEL · TABLEWARE 회수 · HOT BEV · CLEAR OFF

· 2'nd HOT TOWEL · TABLEWARE 회수 · DESSERT / HOT BEV & LIQUEUR · CLEAR OFF	

2) Business Class

가) Semi-Course 서비스

• 일부 코스는 First Class와 유사한 Presentation Service를 실시한다.

나) 전통 한식 제공

• 국적 항공사 이미지에 맞는 이미지 제고 및 내국인 승객의 요구에 부응하기 위한 다양한 전통 한국 음식을 제공한다.

• 주요리로는 비빔밥, 불갈비, 갈비찜, 황태구이, 죽, 라면 등이 제공된다.

• 디저트로는 두텁떡 등을 서비스한다.

Business Class 서비스 Procedure

1'st Lunch	2'nd Dinner
· MENU BOOK · MENU ORDER TAKING · 1'st HOT TOWEL · TABLE OPENING · APERITIF · TABLECLOTH SPREAD & BASIC TRAY & WINE · BREAD · SALAD · MAIN COURSE · BASIC TRAY 회수 · CHEESE & FRUIT · DESSERT / HOT BEV & LIQUEUR · TABLECLOTH 회수	· 1'ST HOT TOWEL · TABLE OPENING · APERITIF · TABLECLOTH SPREAD & BASIC TRAY & WINE · BREAD · SALAD · MAIN COURSE · BASIC TRAY 회수 · FRUIT · 2'ND HOT TOWEL · HOT BEV · TABLECLOTH 회수

3) 일반석

① 한상차림으로 Tray에 모두 Setting 되어 서비스 된다.

② 해당 노선의 특성에 맞는 기내식을 선보이며 한식, 양식, 일식 등이 서비스 된다.

3. 기내식 서비스

1) Menu Book

담당승무원은 승객 수만큼 준비하여 Menu Book Cover가 승객 정면으로 향하도록 하여 개별 서비스 한다. 객실승무원은 메뉴에 적힌 내용을 모두 숙지하여 Menu Book 서비스 시 승객에게 메뉴를 설명해주고 안내한다.

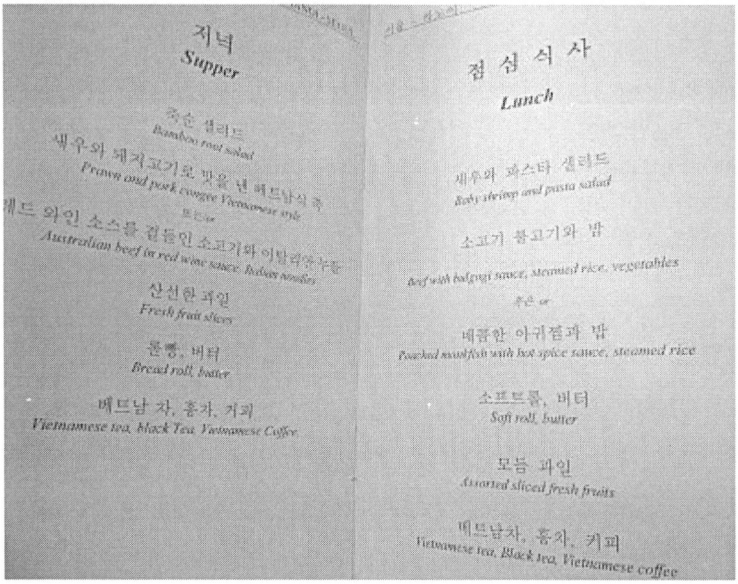

2) Towel 서비스

식사 서비스 전에 승객들에게 서비스 한다. Towel의 종류는 일회용 물수건(Disposable Towel)과 Cotton Towel이 있다.

Disposable Towel은 Basket에 담아

승객 수에 맞도록 담당승무원이 Zone별로 서비스 한다. 손으로 집어 한 개씩 서비스 하고 회수할 때에는 승객이 직접 Basket에 담을 수 있도록 유도한다.

Cotton Towel은 오븐에 넣고 Heating 하여 서비스 직전까지 Warmer에 보관한다. Heating한 Towel은 Towel Basket에 담아 스프레이를 뿌린다. 서비스 전 온도와 냄새를 확인하고 서비스 한다. Cotton Towel은 Tong을 이용하여 서비스 하고 회수 때에는 승객이 직접 Basket에 담을 수 있도록 한다. 회수된 타월은 담당 위치에 보관하여 모기지에서 하기할 수 있도록 한다.

남은 타월은 다시 Warmer에 보관하여 서비스 하지 못한 승객이나 더 필요로 하는 승객에게 서비스 하도록 한다.

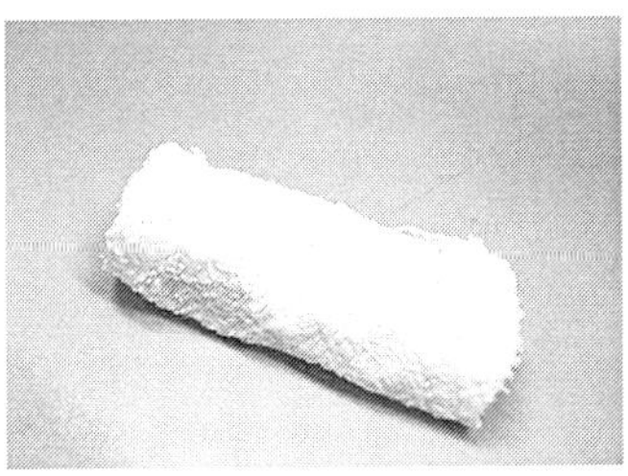

3) 식전 음료(Aperitif) 서비스

식사 전 식욕을 돋우는 역할을 하는 Aperitif는 식사 시간과 출발시간 그리고 비행시간에 따라서 다르게 서비스 된다. Cart와 Tray를 이용하여 서비스 된다.

Aperitif는 Juice, Soft Drink, 맥주, 와인, 칵테일, 생수 등과 함께 서비스 한다.

일등석일 경우에는 Aperitif는 테이블 왼쪽에 놓아드리고 음료는 Coater를 깔고 오른쪽에 놓아드린다. 비즈니스 클래스의 Aperitif는 Cart 차림으로 나가며 Cart 상단에는 Juice, Soft Drink, 맥주, 와인, 위스키, 생수, 얼음, Glass 등을 놓고 하단에는 Aperitif용 Bread와 Dip를 놓는다.

서비스 중간 중간 필요한 Item은 갤리 담당승무원이 Refill 한다. 일반석의

Aperitif 서비스는 카트 서비스 시 카트 상단에는 Juice, Soft Drink, 맥주, 와인, 위스키, 생수, 얼음을 놓고 카트 내부에는 컵, 냅킨, 스낵, 맥주, 위스키, Juice, Soft Drink 여분을 넣고 서비스 한다. 따뜻한 음료를 주문하는 승객에게는 갤리에서 따로 준비하여 서비스 한다.

4) 식사 서비스

식사는 양식과 한식으로 구분하여 서비스 되고 기내식은 서비스 직전 Heating 하여 손님들께 따뜻하게 제공한다. 서비스 전 메뉴를 숙지하여 승객들이 선호하는 Entree를 제공할 수 있도록 안내하고 식사 서비스와 동시에 와인도 함께 서비스 한다. 양식을 드시는 분께는 빵 서비스를 하는데 Tray에 Setting 되어있지 않은 경우에는 별도로 한다. 빵 역시 서비스 직전 오븐에 넣고 Heating 하여 너무 뜨겁거나 차지 않게 서비스 한다. Entree의 메뉴에 따라 소스류도 같이 준비하여 승객에게 알맞은 소스를 권한다.

한식을 드시는 승객에게는 따뜻한 국이 함께 서비스 되므로 국 서비스 시 뜨거운 물은 Aisle 쪽에서 따르고 승객에게 건네줄 때에 조심하도록 한다. 외국인에게 한식을 서비스하는 경우에는 취식 방법을 설명해 준다.

5) Water 및 Wine Refill

Meal 서비스가 끝나면 Cart를 갤리 내에 보관하고 뜨거운 음료를 준비한다. 담당승무원은 Meal을 받지 못한 승객이 있는지 다시 점검하고 Meal 서비스와 동일한 Flow로 물과 와인을 Refill한다. 물과 와인은 컵의 1/3 이하가 되면 Refill하고 2회 이상 권유하며 승객에게 충분히 서비스 한다.

와인을 따라 드릴 경우에는 라벨을 보여드리고 간략히 와인을 소개한다. 와인 종류를 바꿔서 드실 승객에게는 새로운 컵을 서비스 한다.

6) Hot Beverage 서비스

커피는 신선한 맛을 내기 위해 서비스 직전 Brew 하여 준비하고 Pot의 상태도 서비스 전에 미리 닦아 깨끗한 상태에서 서비스 하고 뜨거운 물을 미리 넣어 Pot을 따뜻하게 준비한다.

밀크와 설탕을 준비하고 추가로 준비하여 놓는다. 커피를 따르고 설탕과

크림은 직접 집도록 권유하고 따뜻한 커피나 물을 따를 경우에는 승객 쪽이 아닌 Aisle에서 따르고 승객에게 제공할 때에는 Tray를 낮추어 승객이 직접 컵을 잡도록 한다.

Hot Beverage는 2회 이상 서비스 하고 홍차를 드시는 분께는 레몬도 함께 서비스 한다.

7) Meal Tray 회수

Meal Cart 상단에는 물, Hand Towel, 음료수를 준비한다. Meal Tray 회수는 승객의 90% 이상이 식사를 마쳤을 때 시작하고 식사를 미리 마친 승객의 Meal Tray는 개별적으로 회수한다. 회수는 통로측 승객의 Tray부터 회수하고 창측으로 진행한다. 통로측 승객의 식사가 진행 중일 경우에는 방해가 되지 않도록 유도한다. 회수 시에는 반드시 승객의 의사를 묻고 치워드린다. 회수한 Tray는 Cart의 상단부터 넣는다.

부 록

항공사 코드
항공 용어 및 약어
공항 및 도시 코드
국내선 공항 코드
항공사가 도시 중 “도시 코드”와 “공항 코드”가 다른 곳
기내 방송문

항공사 코드

IATA	ICAO	항공사명	항공사 영문명
AA	AAL	아메리칸 항공	American Airlines
AC	ACA	캐나다항공	Air Canada
AF	AFR	프랑스항공	Air France
AI	AIC	에어 인디아	Air India limited
AN	AAA	안셋항공	Ansett Australia
AZ	AZA	알리탈리아 항공	Alitalia linee Aeree Italiane
BA	BAW	브리티시항공	British Airways
CA	CCA	중국국제 항공	Air China
CJ	CJC	중국 북방항공	Colgan Airways
CP	CDN	캐나디안 항공	Canadian Airlines International LTD
CS	CMI	콘티넨탈항공	Continental Micronesia Inc.
CX	CPA	케세이퍼시픽항공	Cathay Pacific
CZ	CSN	중국남방항공	China Southern Airlines
DL	DAL	델타항공	Delta Airways
GA	GIA	가루다 항공	Garuda Indonesia
H8		러시아 극동항공	
HY	UZB	우즈베키스탄항공	Uzbekistan Airways
HZ		사할린 항공	AGDERFLY A/S
JD	JAS	일본에어시스템	Japan Air System
JL	JAL	일본항공	Japan Airlines
KE	KAL	대한 항공	Korean Airlines
KL	KLM	네델란드항공	KLM Royal Dutch Airlines
LA	LAN	칠레항공	Linea Area Nacional-Chile.S.A Lan-Chile
LH	DLH	루프트한자항공	Lufthansa German Airlines
MH	MAS	말레이지아항공	Malaysia Airlines System
MU	CES	중국동방항공	China Eastern Airlines
MX	MXA	멕시카나 드 에비아신	COMPANIA MEXICANA DE AVIACION

MZ	MNA	멜파티 뉴산타라 항공	Merpati NUSANTARA AIRLINES
NZ	ANZ	뉴질랜드항공	Air New Zealand
NH	ANA	전일본 공수	All Nippon Airways
NW	NWA	노스웨스트항공	Northwest Airlines
NX	NXA	에어 마카오	NationAir Canada
OA	OAL	올림픽 에어웨이-그리스	Olympic Airways
OK	CSA	체코 항공	Ceskoslovenske Aerolinie(CSA)
OZ	AAR	아시아나항공	Asiana Airlines
PK	PIA	파키스탄 항공	Pakistan International Airlines
PL	PLI	에어로 페루	Aeroperu - Epresa DE Transportes A
PR	PAL	필리핀 항공	Philippine Airlines
PX	ANG	에어 뉴기니	AIR NIUGINI
QF	QFA	콴타스항공	Qantas Airways
QV	LAO	라오 에비에이션-라오스	LAO Aviation
RA	RNA	로얄 네팔항공	Royal Nepal Airlines Co
RG	VRG	브라질 항공	VARIG S.A.(VIACAO AEREA RIO-GRANDENSE)
RJ	RJA	로얄 요르다니안	Royal Jordanian(Alia-The Royal Jordanian Airline)
RO	ROT	트롬 루마니안 항공	Tarom - Romanian Air Transport
SA	SAA	사우스아프리칸 에어웨이	South African Airways
SQ	SIA	싱가폴항공	Singapore Airlines
SR	SWR	스위스항공	Swiss Air Transport
SU	AFL	아에로플로트항공	Aeroflot Russian Int'l Airlines
TG	THA	타이 항공	Thai Airways Int'l
TK	THY	터어키항공	Turkish Airlines
UA	UAL	유나이티드항공	United Airlines
VN	HVN	베트남항공	Vietnam Airlines
VP	VSP	바스피 브라질항공	VIACAO Aerea Sao Paulo, S.A.(VASP)
XF	HSL	블라디보스톡항공	Hispania Lines Aereas
7B	BIA	브리티시 아일랜드 항공	British Island Airways

항공 용어 및 약어

ASP(ADVANCE SEATING PRODUCT)
항공편 예약 시 원하는 좌석을 미리 예약할 수 있도록 하는 사전 좌석배정 제도로서 국제선 FR/CL와 PR/CL 승객을 대상으로 실시하고 있다.

ATC HOLDING(AIR TRAFFIC CONTROL HOLDING)
공항의 혼잡 또는 기타 이유로 관제탑의 지시에 따라 항공기가 지상에서 하거나 또는 공중에서 선회하는 것.

BAGGAGE(CLAIM TAG)
위탁수하물의 식별을 위해 항공회사가 발생하는 수하물 증표를 말한다.

BLOCK TIME
항공기가 움직이기 시작하여 PUSH BACK해서부터 다음 목적지까지 착륙하여 정지 ENGINE SHUT DOWN할 때까지의 시간이다.

BOARDING PASS
탑승권.

CATERING
기내에서 소모되는 물품(기내식, 음료 등)을 공급하는 업무로서 항공회사 자체가 기내식 공장을 운영하며 CATERING을 행하는 경우도 있으나 대부분 CATERING 전문회사에 위탁하고 있다.

CHARTER FLIGHT
항공운송 사업은 정기편 운송사업과 부정기편 운송 사업으로 대별된다. 공표된 스케줄에 따른 특정구간을 정기적으로 운항 하는 정기편 항공운송과 달리 운항구간, 운항시기, 운항 SKD 등이 부정기적인 항공운송 형태를 말한다.

C. I. Q
CUSTOMS(세관) IMMIGRATION(출입국) QUARANTINE(검역)의 첫 문자로 정부기관에 의한 출입국 심사를 의미한다.

CMBS(CORPORATE MILEAGE BONUS SYSTEM)
상용고객우대제도(FTBS)의 개인별 혜택에 추가하여 소속기업 또는 단체에 추가혜택을 부여하는 제도로 1개 회사에 카드 소지자가 10인 이상일 경우에 가입이 가능하다.

CRS(COMPUTER RESERVATION SYSTEM)
항공사가 사용하는 예약 전산 시스템으로서, 단순 예약기록의 관리뿐 아니라 각종 여행정보를 수록하여 전화하고 광범위한 대고객 서비스를 가능케 해준다.

DBC(DENIDE BOARDING COPENSATION)
해당 항공편의 초과 예약 등 자사의 귀책사유로 인하여 탑승이 거절된 승객에 대한 보상제도.

CMBS(CORPORATE MILEAGE BONUS SYSTEM)
동일인이 동일 노선 1회 여행에 대하여 두 번 이상 중복하여 예약하는 것.

EMBARKATION / DISEMBARKATION
출국 / 입국.

EMBARGO
어떤 항공사가 특정구간에 있어 특정 여객 및 화물에 대해 일정기간 동안 운송을 제한 또는 거절하는 것을 말한다.

EMBARGO
항공사가 특정구간에 있어 특정 여객 및 화물에 대해 일정기간 동안 운송을 제한 또는 거절하는 것을 말한다.

ENDORSEMENT

항공사간 항공권에 대한 권리의 양도행위.

ETA(ESTIMATED TIME OF ARRIVAL)

도착 예정 시간.

ETD(ESTIMATED TIME OF DEPARTURE)

출발 예정 시간.

EXCESS BAGGAGE CHARGE

무료수하물량을 초과할 경우 부과되는 수하물 요금.

EXPRESS SERVICE

소형화물 특송 서비스로서 KAL-SPX, 한진 택배 등이 이에 속한다.

FAMILY CARE SERVICE

해외여행 시 도움을 필요로 하는 고객을 위해 공항 출발시점부터 목적지공항 착, 타 항공사 연시까지 완벽한 ESCORT SERVICE가 이루어질 수 있도록 예약, 발권, 운송 및 객실 등 전 분야에 걸쳐 제공되는 TOTAL SERVICE이다.

FERRY FLIGHT

유상탑재물을 탑재치 않고 실시하는 비행을 말하며 항공기 도입, 정비, 전세 운항 등이 이에 속한다. 정비를 목적으로 한 모기지로 비행이나 왕복 중 어느 한 쪽만의 전세 비행의 경우 등이 이에 해당된다.

FIRST AID KIT

기내에 탑재되는 응급 처치함.

FREE BAGGAGE ALLOWANCE

여객운임이외에 별도의 요금 없이 운송할 수 있는 수하물 허용량.

FTBS(FREQUENT TRAVELLER BONUS SYSTEM)
대한항공 상용 고객에게 제공하는 사은 서비스로서 탑승거리에 따라 무료 항공권 제공 등을 포함한 다양한 혜택이 주어진다.

GALLEY
승객에게 식사나 음식물을 서비스하기 위해 음식, 음료수, 기타 소모품을 탑재, 보관할 뿐만 아니라 음식의 조리 등 일반 주방으로서의 기능도 하는 기내 공간.

G/D(GOVERNMENT TRANSPORTATION REQUEST)
항공기 출항허가를 받기 위해 관계기관에 제출하는 서류의 하나로 항공편의 일반적 사항, 승무원의 명단과 비행상의 특기사항 등이 기재되어 있다.

GO SHOW
예약이 확정되지 않은 승객이 해당 비행편의 잔여좌석 발생 시 탑승하기 위해 공항에 나오는 것.

GTR(GOVERNMENT TRANSPORTATION REQUEST)
공무로 해외여행을 하는 공무원 및 이에 준하는 사람들에 대한 서비스를 말하며 국가적인 차원에서 국적기 보호육성, 정부예산절감, 외화 유출방지 등의 효과를 가지고 있다.

G/D(General Declaration)
항공기 입·출항 허가를 받기 위해 관계기관에 제출하는 서류의 일종. 항공편의 일반 사항, 승무원명단, 손님 명단 등이 수록된 문서.

HAND CARRIED BAGGAGE
기내 반입 수하물.

HANGER
격납고, 항공기기 정비를 위해 사용하는 건물

IATA(INTERNATIONAL AIR TRANSPORTATION)
세계 각국의 민간 항공회사.

NOSUB(No Subject to Load)
무료 항공권을 소지한 항공사 직원이지만 예약 가능한 상태.

NON-SCHEDULED SERVICE
부정기운송. 정기 운송과 달리 특별한 수요 혹은 필요가 있을 때 특별 편승한 항공 운송.

OAG(Official Airline Guide)
전 세계 항공사 비행 스케줄을 비롯한 항공여행에 관련된 정보를 수록한 책자.

Off-Load
손님에게 좌석을 부여했거나 이미 탑승해 있는 손님의 좌석 또는 수하물 등을 비행기에서 하기 하는 것.

PNR(Passenger name Record)
예약 접수된 손님의 예약 기록.

REFUELING
항공기 재급유.

SCHEDULED SERVICE
정기 운송. 항공기가 취항 하는 노선에 정기적인 스케줄을 가지고 승객과 화물을 운송 하는 것.

SEEINF-EYE DOG
맹인견.

SUBLO(Subject to Load)
무임 또는 할인 된 항공권으로 좌석 예약이 인정되지 않는 항공권.

STOPOVER
중간기착. 24시간 이상 여행을 중지함.

TIM(Travel Information Manual)
각국의 출입국 수속에 관한 최신의 규정과 정보를 모아 놓은 소책자.

TRANSIT VISA
통과비자. 목적지 국가를 가지 위해 중간에 경유해야 하는 국가에 비자를 받아야 하는데 이런 경우 중간 경유국가 에서 받는 사증/비자를 말함.

TWOV(Transit Without Visa)
여행객이 입국 사증 없이 어느 한 나라에 입국하여 다음 첫 번째로 가능한 비행기로 갈아타거나 입국하지 않고 다른 가능한 비행기로 갈아 탈 수 있는 편의를 말함.

RETURN
회항. 비행중 항공기의 이상, 기내긴급환자 발생, 기상이변, 악천후 등 안전비행에 지장을 주거나, 긴급한 인명에 관계되는 사고 발생 시 항공기가 이륙비행장 혹은 인근비행장에 내리는 경우를 말한다.

A

accelerator 가속기

accelerometer 가속도계

access door 점검창

accessory 부속장치

access panel 점검판

access port 점검구

accumulator 축압기, 완충기

AC generator 교류발전기

AC power 교류전원

acrobat 곡예비행

actuator 작동기, 작동장치, 액츄에이타

aerodynamic center[AC] 공력중심

afterburner 후기연소기, 애프터버너

age hardening 시효경화(硬化)

aileron 에일러론, 도움날개

airborne collision avoidance system[ACAS] 항공기충돌방지장치

air compressor 공기압축기

air conditioning system 공기조화계통

aircraft 항공기

aircraft carrier 항공모함

aircraft engine 항공기엔진

aircraft equipment 항공기장비

aircraft instrument 항공계기

aircraft material 항공기재료

aircraft mechanic 항공기정비사

aircraft noise level 항공기소음수준

aircraft on the ground[AOG] 항공기운항불가상태

aircraft radio communication 항공기무선통신
aircraft radio station 항공무선국
aircraft registration certificate 항공기등록증명서
airflow 기류
airframe 기체
airframe structure 기체구조
air intake 공기흡입구
air intake duct 공기흡입도관
airplane 비행기
airplane certificated noise levels 항공기 소음증명 적합기준
air pocket(하강) 수직기류, 에어포켓
airport 공항, 비행장
air pressure 기압
airship 비행선
aisle(비행기의) 통로
airspeed 대기(對氣)속도
airspeed indicator 대기 속도지시계
airspeed meter 비행속도계
air traffic control[ATC] 항공교통관제
altimeter 고도계
altitude 고도
anoxia "무산소증, 산소결핍증"
anti-skid system 미끄럼방지장치
anti-static system 정전기방지장치
arrival 도착
atmosphere 대기(권)
attitude director indicator[ADI] 자세지시기
automatic flight control system[AFCS] 자동비행제어장치
automatic landing system 자동착륙장치

automatic pilot system 자동조종장치
auxiliary power unit[APU] 보조동력장치
available horsepower 이용마력
aviation "항공, 비행"

B

back pressure 배압
back up structure 대치(對峙)구조
balance tab 균형탭
balloon 기구
black box 블랙박스, 비행기록장치
blind rivet 블라인드 리벳
block time 구간시간
boarding pass 탑승권
bomber 폭격기
bonding 접착
boost 부스트
boundary layer 경계층
brake horsepower 제동마력
brake system 제동계통, 브레이크계통

C

cabin 객실
cabin attendant = cabin crew = flight attendant = cabin attendant
cabin crew 객실승무원
cabin pressure regulator 객실여압조절기
cabin pressurization 객실여압
cable cutter 케이블절단기

cable tension meter 케이블 장력기

calibrated airspeed[CAS] "교정대기속도, 수정대기속도"

calibration 교정

cancel 취소, 취소되다.

canopy 캐노피, 조종실덮개

cantilever wing 외팔보 날개

carbon fiber[CF] 탄소섬유

cargo 화물

carry-over 정비이월

casting 주조, 주물

center line 중심선

center of gravity 중력중심, 무게중심

center of pressure 압력중심

center section 중심부, 중앙부

check list 점검표

Civil Aviation Authority[CAA] 민간항공관리국

clearance 틈(새), 비행허가, 승인

climb 상승, 승강

cockpit 조종실

cockpit voice recorder[CVR] 조종실음성기록장치

cockpit crew 운항승무원

collision avoidance system[CAS] 충돌회피장치, 충돌방지장치

combat aircraft 전투기

combustion chamber 연소실

commercial aircraft 상용항공기

commuter aircraft 커뮤터기, 통근기

component 구성품, 부분품, 성분

composite materials 복합재료

compressor 압축기

computer aided manufacturing[CAM] 캠, 컴퓨터이용제작
computerized numerical control[CNC] 전산수치제어
constant-speed drive unit[CSD] 정속구동장치
control cable 조종케이블
control column 조종간
controllability 조종성
control panel 조종반, 계기반, 제어반
control surface 조종면
control tower관제탑
conventional take-off and landing plane[CTOL] 통상 이착륙기
convergent-divergent nozzle 수축확산노즐
converter 변환기
copilot 부조종사
corrosion 부식
corrosion treatment 부식처리
customs clearance 세관검사
cowl “덮개〈엔진, 장치〉”
cowl flap 카울, 플랩
cowling 엔진덮개
crack 균열
crew 승무원
cruising altitude 순항고도
cruising speed 순항속도

D

damage 손상
damper “댐퍼, 진동감쇄기”
datum line 기준선

decelerator 감속장치

de-icing system 제빙장치계통

delay 연착하다

departure 출발

destination 목적지

detonation 폭발성연소, 이상폭발

deviation 자차(自差), 편차

differential pressure 차압

divert 회항하다.

drag 항력

drogue(para) chute 제동낙하산

duty free 면세품 또는 면세점

dynamometer 동력계

E

economizer 절약기

electric system 전기계통

elevator 승강키(타), 엘리베이터

emergency 비상사태(emergency case : 구급환자)

emergency equipment system비상용장비

emergency exit 비상탈출구

empennage 꼬리부분

empty weight 자체무게

engine 엔진(기관)

engine accessories 엔진보기

engine component 엔진 구성품

engine control system 엔진제어장치

engine cowling 엔진(기관)덮개

engineering 공학, 기술
engine firewall 엔진 방화벽
engine mount 엔진(기관) 장착대
entrance door 출입문
epoxy resin 에폭시 수지
erosion 침식
excess power 잉여마력
exhaust gas temperature[EGT] 배기가스온도
exhaust gas temperature indicator 배기가스온도계
exhaust manifold 배기 다지관
exhaust nozzle 배기 노즐
exhaust stroke 배기 행정
exhaust system 배기 계통
exhaust valve 배기 밸브
expansion stroke 팽창행정
expansion wave 팽창파
external power 외부전력

F

fabric 천
fabrication 제작
facility 시설, 설비
fahrenheit[F] 화씨
fail-safe structure 페일세이프구조
fairing 페어링
fastener 조임쇠, 패스너
fatigue test 피로시험
feathering 페더링〈프로펠러 / 로터〉

Federal Aviation Administration[FAA] 미국연방항공청

Federal Aviation Regulation[FAR] 미국연방항공규칙

fiber reinforced plastics[FRP] 섬유강화플라스틱, 섬유강화수지

fighter 전투기

filter 여과기

fire extinguishing system 소화계통

fire wall 방화벽

first aid kit 구급함

fixed pitch propeller 고정피치프로펠러

fixture 고정구

flameout "돌연정지〈엔진〉, 실화"

flap 플랩

flexibility 유연성

flight control system 비행 조종 장치

flight data recorder[FDR] 비행기록계

flight 비행

flight log 비행기록일지

first aid-medicine

float type carburetor 뜨개식기화기

flow "흐름, 유동(流動)"

flow control 흐름제어

fluid유체

fluorescent penetrant 형광침투(액)

flutter 플러터

forging 단조

fowler flap 파울러플랩

frame "프레임, 틀"

freighter 화물기

frequency 주파수

friction 마찰

fuel injection 연료분사

fuel pump 연료펌프

fuel tank 연료탱크

full 만석

functional check 기능시험〈제작〉

fuselage 동체

G

galley 항공기 안의 취사실

gate 탑승구

gap "틈(새), 간극(間隙)"

gas generator 가스발생기

gasoline "휘발유, 가솔린"

gas turbine engine 가스터빈엔진

gauge "계기, 게이지"

gear "톱니바퀴, 기어"

gear box 기어박스

governor 조속기

gravity[G] 중력

gravity fuel system 중력식연료계통

gross weight 온무게, 총중량

ground "접지〈전기〉, 비행중지"

ground effect 지면효과

ground electrical power 지상전원

ground handling 지상조업

ground power unit[GPU] 지상전원장치

ground proximity warning system[GPWS] 지상접근경보장치

guide vane 안내날개

H

hangar 격납고

hard landing 거친착륙, 경(硬)착륙

hardness 경도

harness 하니스〈전기〉, 멜빵〈낙하산〉

heading 기수방위

heat treatment 열처리

height 높이

helicopter 헬리콥터

heliport 헬리콥터착륙장, 헬리포트

high frequency[HF] 고주파, 단파

high lift device 고양력장치

hijack 공중납치

hinge 힌지

hinge moment 힌지모멘트

horizontal stabilizer 수평안정판

horizontal tail 수평꼬리날개

horse power 마력

hot section 고온부

hot section inspection[HSI] 고온부점검

hover 제자리비행

hub "허브〈헬리콥터〉, 중추"

humidity 습도

hydraulic 유압

hydraulic actuator 유압 작동기

hydraulic system "유압계통, 유압장치"

hydraulic pump 유압펌프
hydraulic reservoir 유압유 저장통
hydraulic shock absorber 유압완충장치
hydraulic shock strut 유압완충버팀대, 유압완충지주
hypersonic 극초음속
hypersonic transport[HST] 극 초음속기
hypoxia 저산소증

I

ice & rain protection system 제빙, 제우 계통
icing 결빙
idling 완속 운전, 공회전운전
ignition 점화
ignition system 점화장치, 점화계통
ignitor 점화기
induced drag 유도항력
inertia coupling 관성커플링
inertial force 관성력
inertial navigations system[INS] 관성항법장치
inlet 흡입구
inlet guide vane 흡입 안내깃
installation 장착
instrument 계기
instrument flight 계기비행
instrument landing system[ILS] 계기착륙장치
intake 흡입
intake manifold 흡입다지관
intake valve "흡기밸브, 흡입밸브"

integrated circuit[IC] 집적회로
interchangeability 호환성
interference 간섭
International Air Transport Association[IATA] 국제항공운송협회
International Civil Aviation Organization[ICAO] 국제민간항공기구
International Standard Atmosphere[ISA] 국제표준대기

J

jet engine 제트엔진

K

kerosene 등유
kite 연
knocking 노킹, 이상폭발연소
Krueger flap 크루거플랩

L

laminar airfoil 층류에어포일, 층류 날개꼴
laminar boundary layer 층류경계층
laminar flow 층류
lamination 적층
landing 착륙
landing gear 착륙장치
lateral control system 가로조종계통
lateral stability 가로안정성
layout 배치, 배열
leading edge flap 앞전플랩

leakage 누설
longeron 세로대〈동체〉
longitudinal axis 세로축
longitudinal stability 세로안정성
lubricant 윤활제
lubrication 윤활
lubrication system 윤활계통

M

Mach 마하
Mach number 마하수
Mach wave 마하파
magnetic compass 나침반
magneto 마그네토
main landing gear 주 착륙 장치
main rotor 주 회전익
main spar 주 날개보
maintenance 정비
maintenance manual 정비교범
manometer 마노메터, 압력계
marker beacon 마커 비콘
maximum take-off weight[MTOW] 최대이륙중량
mean aerodynamic chord[MAC] 평균공력시위
meal 식사
mean camber line 평균캠버선
modification 개조
module 기본단위, 모듈
moment 모멘트

monocoque structure 모노코크구조
mooring 계류
mount 지지대

N

nacelle 나셀〈항공기의 엔진덮개〉
National Aeronautics & Space Administration 미국항공우주국
navigation 항법
navigation instrument 항법계기
negative pressure 부압
noise 소음
noise certification 소음기준증명
non-destructive inspection[NDI] 비파괴검사
non-destructive testing[NDT] 비파괴시험
non-directional beacons[NDB] 무지향(성)표지
nose 기수(機首)
nose down 기수내림
nose landing gear 앞바퀴착륙장치
nose steering 앞바퀴조향
nose up 기수올림
nozzle 노즐

O

oil filter 오일필터
oil pressure gauge 윤활압력게
oil pump 오일펌프
oil ring 오일링
oil seal 오일시일

oil sump 윤활유 고이개

oil system 윤활유계통

oleo shock absorber 올레오식 완충장치

operational check 작동점검

overhaul 완전분해수리

overheat 과열

oxygen mask 산소마스크

oxygen system 산소계통

P

packing 패킹

paint “페인트, 도료”

panel 판

passenger 승객

parachute 낙하산

passenger 승객

per diem 해외 체재 비

performance 성능

pilot 조종사

purser 사무장

post flight 비행 후

pre-flight inspection 비행 전 검사

pre-ignition 조기점화

propeller 프로펠러

pylon 파일론

Q

quality assurance 품질보증

quality control 품질관리
quenching 담금질

R

radar 레이다
radiation 복사(輻射)
radio control[R/C] 무선조종
radio direction finding[RDF] 무선방향탐지기
radio navigation 무선항법
reduction gear 감속기어
regulator 조절기
reliability 신뢰성, 신뢰도
relief valve 릴리프밸브, 안전밸브
removal 장탈
repair 수리
resistance 저항
reservation 예약 = booking
rigging 조절〈조종계통〉
rudder 방향키, 러더
rudder pedal 방향키페달, 러더페달
runway 활주로

S

safety belt 안전벨트
safety wire 안전결선
sandwich construction 샌드위치구조
satellite communication[satcom] 위성통신
sea level 해면

sensor 감지기, 센서
separation 분리, 박리(剝離), 관제가격
service bulletin[SB] 기술통보, 정비개선회보
shock absorber 완충장치
short take-off and landing[STOL] 단거리이착륙
simulator 모의비행훈련장치, 시뮬레이터
specification 규격(서)
specific gravity 비중
speed 속도
spin 스핀, 회전낙하
spoiler 스포일러
spring tab 스프링 탭
squawks 결함
stabilizer 안정판
stagnation 정체(停滯), 스태그네이션
stall 실속(失速)
standard atmosphere 표준대기
starter 시동기
stator 스테이터, 고정자
stealth 스텔스, 은닉(성)
steering system 조향장치
steward 남승무원
stiffener 보강재
stiffness 강성
strain 변형(도), 변형률
stream 흐름
stress 응력
stressed-skin construction 응력외피구조
stringer 보강재, 세로지

stroke 행정
structure 구조
strut 버팀대, 지지대〈풍동모형〉

T

tab 탭
tachometer 회전계
tail rotor 꼬리회전익, 꼬리로터
tail section 꼬리부분
take-off 이륙
taxing 지상 활주
temperature 온도
terminal velocity 종극속도
thermometer 온도계
time in service 실제비행시간, 운용시간
tip 끝, 날개끝
tire 타이어
turbulence 난류(상태)
turn 선회
twist 비틀림

U

ultimate load 극한하중
ultimate load factor 극한하중계수
ultimate strength 극한강도
ultra light plane 초경량항공기
ultra-high frequency[UHF] 극초단파
unsteady flow 비정상흐름

V

vacuum pump 진공펌프

valve 밸브

vane 베인, 깃

vehicle 운행체, 비행체

velocity 속도

vent 통기구멍

vertical stabilizer 수직안정판

vertical take-off and landing[VTOL] 수직이착륙

very high frequency[VHF] 초단파

VHF omni-directional range[VOR] 초단파 전(全) 방향 무선항로표지

vibration 진동

vibration damper 진동감쇄기

viscosity 점성(粘性)

voltage regulator 전압조정기

vortex 와류

vortex generator 와류발생장치

W

weight 무게, 중량

weight and balance 중량과 균형

welding 용접

wheel 바퀴

wing 날개

Y

yield point 항복점

yield stress 항복응력

공항 및 도시 코드

국제항공운송협회에서는 비행기가 운항하는 세계의 각 도시와 공항을 3자리(3-letter)로 암호화하여 도시코드와 공항코드를 만들었다. 각 도시에 공항이 1개만 있는 경우 도시코드와 공항코드가 같지만 공항이 1개 이상 있는 도시에는 여러 개의 각각의 공항코드가 있다.

Name of City	City Code	Airport Code	Country	Country Code
ABU DHABI	AUH	AUH	U.A.EMIRATES	AE
AKITA(秋田)	AXT	AXT	JAPAN	JP
ALEXANDRIA	ALY	ALY	EGYPT	EG
ALGIERS	ALG	ALG	ALGERIA	DZ
ALMATY	ALA	ALA	RUSSIA	RU
AMMAN	AMM	AMM	JORDAN	JO
AMSTERDAM	AMS	AMS	NETHERLANDS	NL
AMSTERDAM(SCIPOL)	AMS	SPL	NETHERLANDS	NL
ANCHORAGE	ANC	ANC	U.S.A	US
ANGORAM	AGG	AGG	APUA NEW GUINEA	PG
ANKARA	ANK	ANK	TURKEY	
AOMOR(青森)	AOJ	AOJ	JAPAN	JP
ASAHIKAWA(旭川)	AKJ	AKJ	JAPAN	JP
ATHENS	ATH	ATH	GREECE	GR
ATLANTA	ATL	ATL	U.S.A.	US
AUCKLAND	AKL	AKL	NEW ZEALAND	NZ
BANGKOK	BKK	BKK	THILAND	TH
BEIJING(北京, CAPITAL)	BJS,PEK	PEK	CHINA	CN
BEIJING(北京, NANYUAN)	BJS,PEK	NAY	CHINA	CN
BEIRUT	BEY	BEY	LEBANON	LB
BELGRADE	BEG	BEG	YUGOSLAVIA	YU
BERLIN(SCHOENEFLDF)	BER	SXF	GERMANY	DE

BERLIN(TEMPELHOF)	BER	THF	GERMANY	DE
BERLIN(TEGEL)	BER	TXL	GERMANY	DE
BOGOTA	BOG	BOG	COLOMBIA	CO
BOMBAY(MUMBAI)	BOM	BOM	INDIA	IN
BOSTON	BOS	BOS	U.S.A.	US
BRISBANE	BNE	BNE	AUSTRALIA	AU
BRUNEI	BWN	BWN	BRUNEI	BN
BRUSSELS	BRU	BRU	BELGIUM	BE
BUENOS AIRES	BUE	BUE	ARGENRINA	AR
BUFFALO	BUF	BUF	U.S.A.	US
DUBLIN	DUB	DUB	IRELAND	IE
DUSSELDORF	DUS	DUS	GERMANY	DE
EDMONTON	YEA	YEA	CANADA	CA
FRANKFURT	FRA	FRA	GERMANY	DE
FUKUI(福井)	FKJ	FKJ	JAPAN	JP
FUKUOKA(福岡)	FUK	FUK	JAPAN	JP
FUKUSHIMA(福島)	FKS	FKS	JAPAN	JP
GAMBELA	GMB	GMB	ETHIOPIA	ET
GENEVA	GVA	GVA	SWISS	SW
GUAM	GUM	GUM	U.S.A.	US
GUANGZHOU(廣州)	CAN	CAN	CHINA	CH
GUILIN(桂林)	KWL	KWL	CHINA	CH
HAMBURG	HAM	HAM	GERMANY	DE
HANEDA / TOKYO	TKO	HND	JAPAN	JP
HANOI	HAN	HAN	VIETNAM	VN
HARBIN(하얼빈)	HRB	HRB	CHINA	CH
HAVANA	HAV	HAV	CUBA	CU
HELSINK	HEL	HEL	FINLAND	FI
HO CHI MINH	SGN	SGN	VIETNAM	VN
HONG KONG	HKG	HKG	HONG KONG	HK
HONOLULU	HNL	HNL	U.S.A.	US

HOUSTON	HOU	HOU	U.S.A.	US
ISLAMABAD	ISB	ISB	PAKISTAN	PK
ISTANBUL	IST	IST	TURKY	
JACKSONVILLE	JAX	JAX	U.S.A.	US
JAKARTA (SEOKAMO-HATTA)	CGK	JKT	INDONESIA	ID
JEDDAH	JED	JED	SAUDI ARABIA	SA
JERUSALEM	JRS	JRS	ISRAEL	IL
JOHANNESBURG	JNB	JNB	SOUTH AFRICA	ZA
KAGOSHIMA	KOJ	KOJ	JAPAN	JP
KARACHI	KHI	KHI	PAKISTAN	PK
KHABAROVSK	KHV	KHV	RUSSIA	RU
KINGSTON	KIN	KIN	CANADA	CA
KINSHASA	FIH	FIH	ZAIRE	ZR
KOCHI(高知)	KCZ	KCZ	JAPAN	JP
KOMATSU 小松)	kmQ	kmQ	JAPAN	JP
KONA	KOA	KOA	HAWAII	US
KOTA KINABALU	BKI	BKI	MALAYSIA	MY
KRASNOYARSK	KJA	KJA	RUSSIA	RU
KUALA LUMPUR	KUL	KUL	MALAYSIA	MY
KUMAMOTO(熊本)	kmJ	kmJ	JAPAN	JP
KUNMING(昆明)	kmG	kmG	CHAINA	CN
KUWAIT	KWI	KWI	KUWAIT	KW
LAS VEGAS	LAS	LAS	USA	US
LISBON	LIS	LIS	PORTUGAL	PT
LONDON(GATWICK)	LON	LGW	GREAT BRITAIN	GB
LONDON(HEATHROW)	LON	LHR	GREAT BRITAIN	GB
LONDON(STANSTED)	LON	STN	GREAT BRITAIN	GB
LONG BEACH	LGB	LGB	USA	US
LOS ANGELES	LAX	LAX	USA	US
LUXEMBOURG	LUX	LUX	LUXEMBOURG	LX
MADRID	MAD	MAD	SPAIN	ES

MANILA	MNL	MNL	PHILIPPINES	PH
MATSUYAMA	MYJ	NGS	JAPAN	JP
MEXICO CITY	MEX	MEX	MEXICO	MX
MIAMI	MIA	MIA	USA	US
MILAN	MIL	MIL	ITALY	IT
MIYAZAKI	kmI	kmI	JAPAN	JP
MOSCOW(SHEREMETYEVO)	MOW	SVO)	RUSSIA	RU
MONTREAL	YUL	YUL	CANADA	CA
MUMBAI(BOMBAY)	BOM	BOM	INDIA	IN
NADI(NANYUAN)	NAN	NAN	FIJI ISLANDS	FJ
NAGASAKI(長崎)	NGS	NGS	JAPAN	JP
NAGOYA(名古屋)	NGO	NGO	JAPAN	JP
NAIROBI	NBO	NBO	KENYA	KE
NANJING(南京)	NKG	NKG	CHAINA	CN
NEW YORK(NEWARK)	NYC	EWR	USA	US
NEW YORK(KENEDDY)	NYC	JFK	USA	US
NEW YORK(LA GUARDIA)	NYC	LGA	USA	US
NICOSIA	NIC	NIC	CYPRUS	CY
NIGATA(新潟)	KIJ	KIJ	JAPAN	JP
NOVOSIBIRSK	OVB	OVB	RUSSIA	RU
OITA(大分)	OIT	OIT	JAPAN	JP
OKAYAMA(岡山)	OKJ	OKJ	JAPAN	JP
OKINAWA(沖縄)	OKA	OKJ	JAPAN	JP
OSAKA(ITAM,伊丹)	OSA	ITM	JAPAN	JP
OSAKA(KANSAI,關西)	OSA	KIX	JAPAN	JP
OSLO	OSL	OSL	NORWAY	NO
PARIS(Charles De Gaulle)	PAR	CDG	FRANCE	FR
PARIS(ORLY)	PAR	ORY	FRANCE	FR
PENANG	PEN	PEN	MALAYSIA	MY
PERTH	PER	PER	AUSTRALIA	AU
PHILADELPIA	PHL	PHL	USA	US

PHOENIX	PHX	PHX	USA	US
PHUKET	HKT	HKT	THAILAND	TH
PUERTO RICO	PCC	PCC	COLOMBIA	CO
PYONGYANG(SUNAN)	FNJ	FNJ	DP KOREA	KP
QUEBEC	YQB	YQB	CANADA	CA
QINGDAO(青島)	TAO	TAO	CHINA	CN
RIO DE JANEIRO	RIO	RIO	BRAZIL	BR
RIYADH	RUH	RUH	SAUDI ARABIA	SA
ROME(Leonardo Davinch)	ROM	FCO	ITALY	IT
ROTTERDAM	RTM	RTM	NETHERLANDS	NL
SAIPAN	SPN	SPN	USA	US
SALT LAKE CITY	SLC	SLC	USA	US
SANTIAGO(Los Cerrillos)	SCL	ULC	CHILE	CL
SANTIAGO(PUDANHUEL)	SCL	SCL	CHILE	CL
SANYA(三亞)	SYX	SYX	CHINA	CN
SAPPORO(Chitose,札幌-千歲)	SPK	CTS	JAPAN	JP
SEATTLE	SEA	SEA	USA	US
SENDAI(仙台)	SPK	CTS	JAPAN	JP
SHANGHAI(HONGQIAO) (上海 虹橋)	SHA	SHA	CHINA	CN
SHENYANG(瀋陽)	SHE	SHE	CHINA	CN
SINGAPORE	SIN	SIN	SINGAPORE	SG
STOCKHOLM	SMP	ARN	SWEDEN	SE
SOFIA	SOF	SOF	BULGARIA	BG
STOCKHOLM	STO	SMP	SWEDEN	SE
ST. PETERSBURG (구 레린그라드)	LED	LED	RUSSIA	RU
SYDNEY	SYD	SYD	AUSTRALIA	AU
TAIPEI(臺北)	TPE	TPE	TAIWAN	TW
TAKAMATSU(高松)	TAK	TAK	JAPAN	JP
TASHKENT	TAS	TAS	UZBEKISTAN	UZ
TEHRAN	THR	THR	IRAN	IR

TEL AVIV	TLV	TLV	ISRAEL	IL
TIANJIN(天津)	TSN	TSN	CHINA	CN
TOKYO(HANEDA,羽田)	TYO	HND)	JAPAN	JP
TOKYO(NARITA,成田)	TYO	NRT	JAPAN	JP
TORONTO(PEARSON)	YYZ	YTO	CANADA	CA
TOTTORI(鳥取)	TTJ	TTJ	JAPAN	JP
TOYAMA(富山)	TOY	TOY	JAPAN	JP
ULAN BATOR	ULN	ULN	MONGOLIA	MN
VANCOUVER	YVR	YVR	CANADA	CA
VENICE(MARCO POLO)	VCE	VCE	ITALY	IT
VENICE(TREVISO)	VCE	TSF	ITALY	IT
VIENNA(SCHWECHAT)	VIE	VIE	AUSTRIA	AT
VIENNA(VIENNA DANUBEPIER HOV)	VIE	VDD	AUSTRIA	AT
VLADIVOSTOK	VVO	VVO	RUSSIA	RU
WARSAW	WAW	WAW	POLAND	PL
WASHINGTON (DULLES)	WAS	IAD	U.S.A.	US
WASHINGTON (NATIONAL)	WAS	DCA	U.S.A.	US
WASHINGTON (Pentagon)	WAS	JPN	U.S.A.	US
WASHINGTON (Ronald Reagan)	WAS	DCA	U.S.A.	US
WUHAN(武漢)	WUH	WUH	CHINA	CN
XIAN(西安)	SIA	SIA	CHINA	CN
XICHANG(西昌)	XIC	XIC	CHINA	CN
YANJI(延吉)	YNJ	YNJ	CHINA	CN
YANTAI(煙臺)	YNT	YNT	CHINA	CN
YONAGO(米子)	YGJ	YGJ	JAPAN	JP
YUZHNO-SAKHALINSK	UUS	UUS	RUSSIA	RU
ZURICH	ZRH	ZRH	SWITZERLAND	SW

국내선 공항 코드

도시명	도시코드	공항코드	도시명	도시코드	공항코드
서 울	SEL	GMP	청 주	CJJ	CJJ
인 천	JCN	ICN	양 양	YNY	YNY
부 산	PUS	PUS	광 주	KWJ	KWJ
제 주	CJU	CJU	무 안	MWX	
대 구	TAE	TAE	천 안	XOX	
성 남	SSN	SSN(군용)	전 주	CHN	
대 전	QTW		군 산	KUV	KUV
울 산	USN	USN	목 포	MPK	MPK
수 원	SWU		서귀포	JSP	
의정부	QUI		순 천	SYS	RSU
고 양	QYK		여 수	RSU	
안 양	QYA		포 항	KPO	KPO
안 산	XXN		구 미	Qkm	
오 산	OSN	OSN	예 천	YEC	YEC
부 천	QJP		안 동	QDY	
춘 천	QUN		울 진		공사중
원 주	WJU	WJU	진 주	HIN	HIN
강 릉	KAG	KAG	마 산	QMS	
속 초	SHO	SHO	진 해	CHF	CHF
삼 척	SUK		거 제	JGE	

항공사가 도시 중 "도시 코드"와 "공항 코드"가 다른 곳

도시	공항
미국 워싱턴(WAS)	덜레스공항(IAD), 로널드레이건공항(DCA), 볼티모어공항(BWI)
미국 뉴욕(NYC)	존에프케네디공항(JFK), 뉴왁공항(EWR), 라구아디아공항(LGA)
일본 도쿄(TYO)	나리타공항(NRT), 하네다 공항(HND)
프랑스 파리(PAR)	샤를드골공항(CDG), 오를리공항(ORY)
영국 런던(LON)	히드로공항(LHR), 게트윅공항(LGW)
일본 오사카(OSA)	간사이공항(KIX)
캐나다 토론토(YTO)	피어슨공항(YYZ)
미국 시카고(CHI)	오헤어공항(ORD)
중국 베이징(BJS)	베이징국제공항(PEK)
이태리 로마(ROM)	레오나르도다빈치공항(FCO)

기내 방송문

Welcome(보통 Door side Standby & Safety Check 후 Push Back 전에 방송됨)

손님 여러분 안녕하십니까.
오늘도 여러분의 소중한 여행을 ○○항공과 함께해 주셔서 감사합니다.
이 비행기는 뉴욕까지 가는 ○○항공 ○○○편입니다.
목적지인 뉴욕까지 예정된 비행시간은 이륙으로부터 ○○시간 ○○분입니다.
오늘 ○○○ 기장을 비롯한 저희 승무원은 여러분을 목적지인 뉴욕까지 정성껏 모시겠습니다. 도움이 필요하시면 언제든지 저희 승무원을 불러 주십시오.
계속해서 기내 안전에 관해 안내해 드리겠습니다. 잠시 주목해 주시기 바랍니다.
저희 ○○항공과 함께 즐겁고 편안한 여행되시기 바랍니다.

Good morning, Ladies and Gentlemen.
Captain / 성 / and entire crew would like to welcome you onboard ○○ Air a number of Sky team member.
This is flight ○○○, bound for New York.
Our flight time to New York will be ○○ hours and ○○ minutes, after take-off.
During the flight our cabin crew will be happy to server you in any way we can.
We wish you an enjoyable flight,
And please direct your attention for a few minutes to the video screens for safety information.
Thank you.

Safety Demonstration

지금부터 비상구 위치와 비상장비 사용법에 대해 안내해 드리겠습니다.
잠시 주목해 주시기 바랍니다.
이 비행기의 비상구는 모두 ○개로 좌우에 각각 있습니다.
만일의 경우에 대비하여 여러분의 좌석에서 가장 가까운 비상구 위치를 확인하시길 바랍니다.
비상시 비행기의 전원이 꺼질 경우 통로의 유도등이 자동으로 켜지며 이 유도등은 비상구까지 여러분을 안내할 것입니다.
좌석벨트 사인이 꺼지면 반드시 좌석벨트를 매 주십시오.
벨트는 버클을 끼워 허리 아래로 내려서 조여주시고 풀 때는 덮개를 들어 올리시며 됩니다.
산소마스크는 선반 속에 있으며 산소 공급이 필요한 비상시에 저절로 내려옵니다.
마스크가 내려오면 앞으로 잡아 당겨 코와 입을 대시고 끈으로 머리에 고정하여 주십시오.
여러분의 좌석 아래에 있는 구명복은 비행기가 바다에 내렸을 경우 사용하시게 됩니다.
착용하실 때에는 머리 위에서부터 입으시고 양팔을 끼운 다음 끈을 아래로 당기시면 됩니다.
노란색 손잡이를 양 옆으로 잡아당겨 몸에 맞도록 조절해 주십시오.
구명복은 기내에서 부풀지 않도록 유의해 주시고 부풀릴 때는 탈출직전 비상구 앞에서 붉은색 손잡이를 당기시면 됩니다.
충분히 부풀지 않을 때에는 양쪽의 고무관을 힘껏 불어 주십시오.
보다 자세한 내용은 앞좌석 주머니에 있는 안내문을 참고하시길 바랍니다.
여러분의 적극적인 협조를 부탁드립니다.

Safety Demonstration

Ladies & Gentlemen! Have you seen this safety instruction card?
It is in the pocket of the seat in front of you. Please read it.
It shows you the equipment carried on this aircraft for your safety.
A life jacket is in the pocket under your seat.
To put it in, place it over your head.
clip on the waistband and pull it tight.
Half inflate while you are still inside the aircraft by pulling one tap.
Complete inflation when you are clear of the aircraft by life raft the other tap.
Special equipment is carried for young children.

If necessary a member of your crew will bring it to you.
An evacuation slide and life raft is at each door.
Your crew will direct you to your door.
Additional emergency exits are shown on the leaflet.
If an oxygen mask like this appears in front of you, pull the mask down towards your face the mask over mouth and nose If you are traveling with a child,attend to yourself first, then the child.
Breathe normally, adjust the headband.
Smoking is not allowed in the toilets or non smoking areas at any time.
Check that your seat back is upright, your seat belt fastened and the seat tray folded away.
In the unlikely event of an emergency follow the instructions of your crew, They know what to do.

이륙 전

손님여러분 우리 비행기는 곧 이륙하겠습니다.
좌석벨트를 매셨는지 다시 한번 확인해주시기 바랍니다.

Ladies and gentlemen.
We will be taking off shortly.
Please make sure that your seat belt securely fastened. Thank you.

Seatbelt Sign Off

손님 여러분. 방금 좌석 벨트 표시등이 꺼졌습니다.
그러나 기류변화로 비행기가 갑자기 흔들릴 수 있으니 자리에 앉아 계실 때에는 항상 좌석 벨트를 매 주시기 바랍니다. 또한 선반속의 물건을 꺼내실 때에는 안에 있는 물건이 떨어지지 않도록 조심해 주십시오. 그리고 지금부터 CD플레이어나 노트북, 게임기 들을 사용하실 수 있습니다. 사용하실 수 있는 전자제품에 대한 자세한 내용은 기내지인 모닝캄을 참고해 주시기 바랍니다. 감사합니다.

Ladies, and Gentlemen.
The captain has turned off the seatbelt sign which means you can leave your seat now if you wish.
However, for your own safety and the safety of others around you.
You must keep your seatbelt fastened while you are seated Should the seatbelt sign comes on again during the flight, please return immediately to your seat, and for everyone safety, you must keep your belt fastened while seated.

Turbulence

안내 말씀 드리겠습니다.
기류변화로 비행기가 흔들리고 있습니다.
여러분의 안전을 위해 자리에 앉아 좌석벨트를 매주시기 바랍니다.

Ladies, and Gentlemen.
We will be passing through turbulence.
Please return to your seat and fasten your seat belt.

Landing

손님여러분
저희 비행기는 곧 착륙하겠습니다.
좌석벨트를 매셨는지 다시 한번 확인해 주십시오.
감사합니다.

Ladies and gentlemen.
We will be landing shortly.
Please make sure that your seat belt securely fastened. Thank you.

Farewell

손님여러분 서울 인천국제공항에 오신 것을 환영합니다.
지금 이곳 시간은 오전 ○○시 ○○분입니다.
언제나 ○○○○항공을 아껴주시는 손님 여러분 감사합니다. 저희 승무원들은 여러분과의 만남이 소중한 인연으로 이어지기 바랍니다.
행복한 하루 보내시기 바랍니다.
감사합니다. 안녕히 가십시오.

Ladies & Gentlemen
We have landed at Seoul In- chon International Airport.
The local time is 09:00 P.M / A.M.
Thank you for choosing ○○○○ Airline.
We hope to see you again soon on the next flight.

참고문헌

김경숙(2008). 최신 항공서비스론. 백산출판사.
김대철(2009). 와인과 음식. 한올출판사.
김창수(1998). 관광교통론. 대왕사.
박혜정 외(2006). 항공식음료실무. 백산출판사.
원융희(2003). 술/음료의 세계. 백산출판사.
윤대순 외(2009). 항공사실무론. 백산출판사.
이병선(2008). 항공기 객실서비스실무. 백산출판사.
이영희 외(2006). 항공기 객실업무론. 연경문화사.

대한항공 객실승무원 업무 교범(Cabin Operation Manual).
대한항공 객실승무원 업무 규정집(Cabin Crew Manual).
대한항공 기내방송집.
대한항공 직무교육 교재.
아시아나항공 업무규정집.
한진정보통신 토파즈 발권(Ⅰ).

대한항공 홈페이지 http://www.koreanair.co.kr
아시아나 홈페이지 http://www.flyasian.com
한국 항공진흥협회 http://www.airtransport.or.kr
한국관광공사 http://www. knto.co.kr
항공정보포탈시스템 http://www.airportal.co.kr

www.naver.co.kr
www.oag.com
www.iata.org

조희수

경기대학교 관광경영학과 관광학 박사
경주대학교 관광경영학과 외래교수
청운대학교 호텔경영컨벤션학과 외래교수
대덕대학교 관광항공철도승무과 전임교수
현) 정화예술대학교 관광학부 항공서비스전공 교수

항공 객실서비스 실무

2010년 8월 30일 초 판 1쇄 발행
2019년 8월 30일 수정판 3쇄 발행

지은이 조희수
펴낸이 진욱상
펴낸곳 백산출판사
교 성 편집부
본문디자인 편집부
표지디자인 오정은

등 록 1974년 1월 9일 제406-1974-000001호
주 소 경기도 파주시 회동길 370(백산빌딩 3층)
전 화 02-914-1621(代)
팩 스 031-955-9911
이메일 edit@ibaeksan.kr
홈페이지 www.ibaeksan.kr

ISBN 978-89-6183-368-4 93980
값 15,000원